Famílias que educam

Gabriel Chalita

Famílias que educam

Ciranda Cultural

Famílias que educam

Direção geral: Donaldo Buchweitz
Coordenação editorial: Cristina Nogueira da Silva
Assistente editorial: Elisângela da Silva
Preparação: Sueli Brianezi Carvalho
Revisão: Silvana Pierro
Projeto gráfico: Cristina Nogueira da Silva
Diagramação: Marco Antônio B. Ferreira

Dados Internacionais de Catalogação na Publicação (CIP)
(Câmara Brasileira do Livro, SP, Brasil)

Chalita, Gabriel
Famílias que educam / Gabriel Chalita. --
São Paulo : Ciranda Cultural, 2009. --
(Coleção cultivar)

ISBN 978-85-380-0559-9

1. Crianças - Criação 2. Educação de crianças
3. Emoções em crianças 4. Família - Aspectos
sociais 5. Pais e filhos 6. Papel dos pais
I. Título. II série.

09-05115   CDD-649.1

Índices para catálogo sistemático:
1. Educação de filhos : Papel dos pais : Vida
familiar 649.1

Ciranda Cultural

CIRANDA CULTURAL EDITORA E DISTRIBUIDORA LTDA.
Rua Frederico Bacchin Neto, 140 - cj. 06 - São Paulo - SP
Tel.: (11) 3761-9500 – www.cirandacultural.com.br

Oferecimento

A Paulo Alexandre Barbosa e
Cristina Cordeiro, que aproximaram,
com muita competência e amor, as famílias das
escolas, na rede pública de São Paulo.

Vossos filhos não são vossos filhos. São os filhos e as filhas da ânsia da vida por si mesma. E embora vivam convosco, não vos pertencem.
Vêm através de vós, e não de vós.

Gibran Khalil Gibran

Sumário

Palavras iniciais 11

Capítulo I - O valor da compreensão
e do respeito 19

Capítulo II - Dizer "sim" e dizer "não" 37

Capítulo III - A família na escola 57

Capítulo IV - O amor conduzindo a vida 81

Palavras iniciais

Este livro tem o objetivo de refletir sobre a difícil arte da convivência no seio das famílias. A impossibilidade de uma coexistência harmoniosa, num contexto tão privilegiado como o familiar, em que o respeito, a compreensão e o carinho mútuos deveriam, em princípio, inspirar as pessoas a viver sem receio de errar ou acertar, tem provocado aquilo que se convencionou chamar de conflito de gerações.

Pais e filhos parecem seres estranhos. Frases monossilábicas ocupam o lugar dos diálogos. Violência doméstica, drogadição, desencontros cotidianos, ausência de uma educação correta, tudo isso faz com que as novas gerações cresçam sem limites nem afetos.

Há muitos pais que, ao procurar fortalecer o vínculo de afeto e de confiança que deveriam manter com os filhos, acabam por lançar mão de meios e soluções inadequadas para lidar com o emaranhado de problemas gerados pelas mais diversas circunstâncias da vida. Filhos autoritários enfrentam pais fragilizados. Pais autoritários fragilizam seus filhos. Isso sem contar o pantanoso universo da violência doméstica. É assustadora a brutalidade com que alguns homens, covardemente, buscam se impor às suas mulheres e filhas, principalmente. É claro que também há mulheres violentas que espancam os seus maridos. Mas essa não é a regra. A norma mais recorrente é a de homens cruéis, embalados pela bebida, que destroem a família com ameaças e ações agressivas, violências simbólicas e reais. E há, ainda, muitas mulheres que não conseguem gritar por socorro, dominadas que estão pelo medo, pela acomodação ou, ainda, pela paixão.

Filhos que crescem em lares doentes têm maiores dificuldades em encontrar o equilíbrio interno. Algumas mães, por cuidado com os filhos, preferem continuar em um casamento maculado pela violência a deixá-los sem pai. Talvez a opção devesse ser revista. Em um lar desfeito, os filhos continuam sendo filhos dos dois. Em um lar vitimado pela violência, os filhos acabam não sendo filhos de ninguém. Sofrem por um pai covarde e sofrem por uma mãe permissiva. Um casal sem dignidade que destrói mentes e sentimentos.

A família tem o mais relevante papel no processo educativo. Tudo começa em casa. As primeiras lições de convívio, de higiene, de valores, de palavras e de conceitos que ganham significado. Os primeiros olhares, as primeiras vozes a acompanhar e dar sentido ao que os filhos aprendem e apreendem. Os pais são os primeiros educadores, os tutores por natureza, desde o momento milagroso da concepção, o período prodigioso da gestação, até a chegada ao mundo. Quando o cordão umbilical, primeiro elo entre mãe e filho, tem de ser cortado, o canal de comunicação vital não se rompe, apenas se recompõe, assume outro sentido, adquire nova importância. É sob o olhar atento e vigilante da mãe que são presenciadas as primeiras carências, os choros por qualquer razão, o medo do abandono, o engatinhar, os ensaios de sons que vão ganhando forma, as quedas. Tudo se dá na família. As primeiras inquietações, os primeiros traumas. A segurança tão necessária para quem não tem ainda mecanismos próprios de defesa.

A criança não é como um animal que, em pouco tempo, ganha autonomia. O processo é mais lento. O ser humano é social. Não se desenvolve sem o contato humano e, para tanto, precisa aprender a se defender. Pai e mãe, ou aqueles que cumprem esse papel por ausência dos pais biológicos, precisam estar atentos a cada sinal lançado pela criança. O significado, a vida vai mostrando.

Em casa, aprende-se a amabilidade, que é a qualidade de quem se faz digno de amor, de bem-querer. A pessoa amável é dotada de delicadeza, palavra que deriva do erudito delgadeza (aquele que é delgado, refinado, fino, brando).

Os pais devem ensinar os filhos a serem amáveis e corrigi-los quando faltar gentileza nos primeiros ensaios da convivência:

– Diga obrigado.
– Peça desculpas.
– Diga "por favor".
– Agradeça.
– Divida com o seu irmão.
– Ofereça.

Em outras palavras, deve-se ser amável. Todo o tempo. Infelizmente, há muitos pais que dizem isso, ao mesmo tempo em que se agridem na frente dos filhos. Dizem essas coisas e são incapazes de um gesto de gentileza com a funcionária que trabalha em casa. Brigam no trânsito, enganam os outros, dão péssimos exemplos aos filhos. A distância entre o discurso e a prática é um problema sério na formação da personalidade de uma criança. O pai – um super-herói no imaginário infantil – não deve fazer, em casa, o que o filho, na escola, aprende não ser correto. Enquanto na escola se aprende que não se deve enganar ninguém, que é preciso ser honesto, que é necessário ser educado, o pai ou a mãe, muitas vezes, age de forma contrária a esses valores.

Um outro problema das famílias modernas provém do uso inadequado dos recursos propiciados pelo universo tecnológico. Meninos e meninas, diante de computadores, trancam-se em seus mundos e preferem as relações virtuais às reais. É melhor ter o poder de deletar o outro quando assim o desejar. É mais fácil namorar pela web e dizer apenas as verdades em que se acredita ou se finge acreditar. É mais cômodo inventar uma personagem do que assumir o desafio de enfrentar-se a si mesmo. Até as fotos disponibilizadas nessas salas de bate-papo são muitas vezes fraudulentas. E, quando o menino ou a menina se olham no espelho, percebem que a personagem que inventaram não existe.

Ser amável é gostar de conviver, é gostar de gente. É sair de casa com disposição para pequenos gestos de encontro. Palavras simples, olhares diretos, preocupações cotidianas com problemas alheios que possam ser resolvidos conjuntamente.

Uma família que conviva em harmonia e ensine o amor: eis o ideal pretendido neste livro. Os problemas cotidianos, evidentemente, não serão resolvidos de forma definitiva; os temperamentos diferentes não se conciliarão de uma só vez; a rotina será sempre um desafio; enfim, os percalços inerentes ao convívio familiar continuarão a existir, mas não terão o poder de destruir a fortaleza de uma família que educa.

Procura*

Andei pelos caminhos da Vida.
Caminhei pelas ruas do Destino
– procurando meu signo.
Bati na porta da Fortuna,
mandou dizer que não estava.
Bati na porta da Fama,
falou que não podia atender.
Procurei a casa da Felicidade,
a vizinha da frente me informou
que ela tinha se mudado
sem deixar novo endereço.
Procurei a morada da Fortaleza.
Ela me fez entrar: deu-me veste nova,
perfumou-me os cabelos,
fez-me beber de seu vinho.
Acertei o meu caminho.

Cora Coralina

---

* CORALINA, Cora; DENOFRIO, Darcy F. *Procura* in: *Melhores Poemas de Cora Coralina*. São Paulo, 2004

Capítulo I

O valor da compreensão e do respeito

Compreensão é a faculdade de perceber completamente, com perfeito domínio intelectual, uma pessoa, um objeto ou um assunto. Significa também a capacidade de demonstrar complacência, indulgência ou simpatia por outrem.

A compreensão ajuda a convivência. Um olhar de ternura para a dificuldade alheia faz toda a diferença. Como faz diferença a sensação de que esse olhar não é de julgamento, desprezo, mas de acolhimento. É visível o medo de alunos que não se sentem compreendidos porque se veem diminuídos na relação com o grupo. Têm medo de errar, de fracassar, de envergonhar os pais. Têm medo de não ter inteligência ou talento para vencer na vida. Têm medo de não ser como o irmão tão elogiado pelos pais. Pais compreensivos aceitam as diferenças entre os filhos e os caminhos que cada um opta trilhar, segundo os impulsos das escolhas nascidas da reflexão. Talvez o que possam fazer é ajudar a refletir.

Há um pequeno conto de Eduardo Galeano, de inominável beleza, sobre a singeleza da relação entre pai e filho, que denota um momento de cumplicidade diante do mundo que se apresenta aos olhos do pequenino Diego:

"Pai, me ajuda a olhar!"[*]

Diego não conhecia o mar. O pai, Santiago Kovakloff, levou-o para que descobrisse o mar. Viajaram para o Sul. Ele, o mar, estava do outro lado das dunas altas, esperando. Quando o menino e o pai enfim alcançaram aquelas alturas de areia, depois de muito caminhar, o mar estava na frente de seus olhos. E foi tanta a imensidão do mar, e tanto seu fulgor, que o menino ficou mudo de beleza. E quando finalmente conseguiu falar, tremendo, gaguejando, pediu ao pai: – Me ajuda a olhar!"

---

[*] *O Livro dos Abraços*

Pode ser que nem mesmo o pai do menino Diego tivesse olhos para alcançar toda a imensidão do mar, ou talvez ele mesmo o estivesse vendo pela primeira vez, mas cumpre a sua função ao possibilitar ao filho a descoberta do mundo, com sua crucial presença quando o filho titubeia.

Pais compreensivos não esperam que os filhos vivam os sonhos não realizados por eles. A projeção da felicidade não é a felicidade. Daí a assertiva sartreana de que "o inferno são os outros", isto porque cada um projeta no outro a própria realização. E o resultado será a infelicidade para todo mundo. Professores compreensivos conseguem entender que a aprendizagem é múltipla, e que cada aluno tem sua forma de aprender. E mais: têm a humildade de mudar de estratégia para que os alunos que estejam à margem, por qualquer motivo, sintam-se integrados à classe.

Compreensão faz com que casais, que se educam mutuamente, entendam que príncipes e princesas existem na ficção e alimentam os sonhos, mas que, na prática, são todos mortais, com as imperfeições e as idiossincrasias que marcam o ser humano. Imperfeições que desafiam. Os compreensivos se completam e por isso se respeitam e conseguem conviver em harmonia. É o que acontece quando os casais percebem que, apesar das manias, dos erros, das imperfeições, é melhor viver juntos. Quando não há expectativa exagerada de que o outro seja o resultado de um sonho romântico, o romantismo surge com mais força. São pessoas que se encantam com pessoas, frágeis e fortes, doentes e saudáveis, merecedoras de amor.

Na relação com os filhos, as projeções também são profundamente demolidoras de afetos. Os filhos são os filhos, não são pedaços de um passado que não deu certo e que agora haverá de dar. Tudo o que os pais não aprenderam quando crianças, os filhos não terão, necessariamente, de fazer. Dos cursos de idiomas às numerosas formas de esculpir o corpo. O filho não tem de ser perfeito. E aí surgem os problemas. A perfeição não existe.

A criança tem de se sentir acolhida em casa, sem precisar provar o tempo todo que é perfeita, que é a melhor, a mais inteligente, etc.

Acolhimento é a atitude da pessoa que apanha, reúne, coleta, colige e guarda tudo junto, entre os braços. É a imagem perfeita do apanhador de trigo, abraçando as ramas de grãos dourados. Quem acolhe, abrange, abraça, aceita.

E como é triste a sensação de não ser acolhido! O não acolhimento vem acompanhado de uma série de sentimentos ruins. O sentimento da rejeição, da pequenez, da pobreza, do desprezo, do homem feito coisa. Muitas vezes os pais não percebem que agem dessa forma. Fazem isso com tamanha naturalidade que o filho passa a ser apenas um detalhe.

Flávio de Souza, escritor primoroso de histórias infanto-juvenis, nos conduz a uma reflexão sobre o acolhimento, neste conto, narrado por uma garotinha de sete anos, que registra as impressões que as atitudes de sua mãe lhe renderam:

A mãe da menina e a menina da mãe[*]

Eu sou uma menina de sete anos de idade. Eu moro numa casa grande, de dois andares. Adoro subir e descer a escada. Meus irmãos acham que eu sou boba de gostar tanto dessa escada. Mas eu gosto e pronto. Uma das brincadeiras que eu faço é pegar a colcha da minha cama e transformar em capa. Aí desço a escada imaginando que eu sou uma rainha.

Já contei que eu tenho irmãos. São dois. Na minha casa moram o meu pai e a minha avó também.

---

[*] MACHADO, Ana Maria; PORTO, Cristina; SOUZA, Flávio de; ROCHA, Ruth & ORTOF, Sylvia. *Quem conta um conto?* Vol. II. São Paulo: FTD, 2001.

Fazia tempo que eu olhava pra minha mãe e não entendia por que ela era tão nervosa. Ela estava sempre reclamando que cansa ser dona de casa. E eu adoro brincar de casinha! Adoro comprar coisas também. Eu não entendia por que ela vinha do supermercado quase chorando de raiva e cansaço.

Minha mãe resmungava, também, de ter de cuidar de três filhos.

— Como vocês me dão trabalho! — ela dizia.

Às vezes ela dizia que tinha CINCO filhos, que meu pai e minha avó também eram filhos dela, e davam o mesmo trabalho.

Engraçado, eu adorava tomar conta das minhas bonecas.

"Eu podia ter 27 filhos!", eu pensava.

Então, um dia, eu fiz a primeira descoberta: tudo o que eu faço de brincadeira, minha mãe tem de fazer de verdade. Quando canso de trocar a roupa e dar comidinha pras minhas bonecas, guardo no armário. Já pensou se minha mãe não quisesse mais brincar e me enfiasse no guarda-roupa?

Eu contei a minha descoberta pra ela, que me olhou espantada e disse:

— Foi você mesma que teve esta ideia?

Olha só como os adultos são! Eles imaginam que criança só pensa em gatinhos e bonecas e gangorras e videogames e panteras cor-de-rosa!

— É claro que fui eu. E não é verdade?

— Não — respondeu minha mãe —, quer dizer, mais ou menos. Eu fico cansada, mas adoro ser mãe de vocês três... cinco. E eu reclamo por reclamar.

Ela me disse pra parar de pensar nisso tudo, pra esquecer, era bobagem. Quando eu crescesse, ia entender. E completou:

— Vai brincar, menina!

Acontece que eu não queria entender só quando eu crescesse. E continuei pensando.

Então eu comecei a procurar pela casa alguma coisa que não sabia bem o que era. Mas que sabia que existia, e que ia me ajudar a entender aquela coisa que eu sentia agora, toda vez que olhava pra minha mãe.

Eu abri o guarda-roupa dela e mexi em todas as roupas. E continuei mexendo e remexendo. Foi então que achei umas fotografias amareladas numa caixa. Tinha umas de minha avó com a cara lisinha, meu pai de uniforme, minha mãe de noiva... aí achei umas ainda mais antigas. Numa delas, havia uma menina muito parecida comigo. Mas o vestido era compridão, o sapato engraçado.

E esta foi a segunda descoberta: minha mãe já tinha sido criança antes! É claro que eu sabia que ia crescer e casar e ter filhos. Mas eu nunca tinha pensado que a minha mãe tinha sido do meu tamanho. E brincado de casinha!

Nesse dia, de noite, eu fiquei olhando pra minha mãe enquanto ela assistia televisão. Estava passando um filme engraçado que depois ficou triste. Eu a vi rir e quase chorar.

Então, eu fiz a maior descoberta de todas: aquela menina de vestido compridão e sapato engraçado ainda existia. E morava lá dentro da minha mãe.

Muitos pais tendem a acreditar que os filhos, por serem crianças, não têm a percepção exata de seus atos, de suas palavras, de seus descasos. Mas a criança é como uma esponja que vai absorvendo todas as impressões do ambiente em que vive, sejam elas boas ou más. São marcas indeléveis que vão se impregnando na formação de seu caráter.

A família é o alicerce da vida de uma pessoa. É o espaço privilegiado de formação. Quando o alicerce é bem feito, as muitas reformas que precisarão ser realizadas não colocarão em risco a edificação. Quando não há alicerce sólido, o trabalho torna-se muito mais difícil, pois a cada mudança o edifício pode cair por inteiro. E, na vida, as mudanças virão certamente. Os caminhos levam a lugares tão diferentes, as profissões mudam, os encontros e desencontros se sucedem; enfim, a travessia é cheia de novos cenários e, para isso, é preciso estar preparado.

Os pais não devem se cansar de educar os filhos, mesmo quando eles parecerem não estar aprendendo nada; mesmo quando a rebeldia fizer questão de levá-los para uma postura contrária a tudo o que foi ensinado. É fundamental desenvolver-lhes determinação e autonomia para enfrentar os desafios da vida. A cada fase uma preocupação. Primeiro, a fragilidade do bebê; depois, os pequenos aprendizados, a infância e suas birras; em seguida, a adolescência com suas transformações e incertezas, a juventude e a rebeldia. A construção do futuro, os empregos frustrados, as relações amorosas complexas. Assim é a vida, e os pais participam e sofrem juntos. Há igualmente momentos de profunda realização, talvez a maior parte deles, se esses filhos souberem entender a arte da vida. E chegará o momento em que esses pais não estarão mais por perto e, então, falarão mais alto os ensinamentos. O legado é este: deixar valores que norteiem a vida dos filhos para sempre. A honestidade é um deles. Se há algumas coisas que se podem negociar, outras são inegociáveis. O respeito ao ser humano não é negociável. O respeito aprende-se em casa.

O respeito do marido pela esposa, da mãe pelo pai que passa as noites trabalhando, do filho pelo sentimento de amor traduzido na preparação do lanche, na espera dos alimentos sobre a mesa, no calor do lar mantido pela água fervendo no fogão. Pequenos gestos de amor e gentileza, a lembrança carinhosa na ausência do outro, a expectativa da chegada. Tudo isso edifica, ensina, permanece e se multiplica na vida dos filhos. É desse ensinamento que Adélia Prado, poeta mineira, nos fala:

Ensinamento*

Minha mãe achava estudo
a coisa mais fina do mundo.
Não é.
A coisa mais fina do mundo é o sentimento.
Aquele dia de noite, o pai fazendo serão,
ela falou comigo:
"Coitado, até essa hora no serviço pesado".
Arrumou pão e café, deixou tacho no fogo com água quente.
Não me falou em amor.
Essa palavra de luxo.

Respeito é palavra que significa, na sua origem latina (*respectus*), a ação de olhar para trás, ou seja, de olhar os ensinamentos que ficaram para trás, de olhar as pessoas que passaram e contemplar as que não passaram. Respeito é o tratamento que todo ser humano merece. Não se pode magoar, pisar, ultrajar, a quem quer que seja. Mesmo aquele que

---

* PRADO, Adélia. *Bagagem*. São Paulo: Siciliano, 1991.
© by Adélia Prado.

merece punição deve sofrê-la sem deixar de ser respeitado. Por isso a lei prevê um tratamento digno àquele que cometeu algum delito e que, por isso, deve ser privado de liberdade. Mesmo na prisão, ele merece respeito.

Geralmente se utiliza a palavra respeito para definir a atitude desejável diante de pessoas mais velhas, porque são mais vividas, mais sofridas. Os mais velhos merecem respeito, sim. E é fundamental que os pais ensinem aos filhos, com palavras e atitudes, a demonstrarem esse respeito. Devem os mais velhos passar à frente nas filas, ter primazia nos transportes, atendimento prioritário em hospitais, bancos e outros serviços. O cansaço dos anos e a fragilidade física lhes dão esse direito. Não se trata de piedade, mas de dignidade.

A criança também merece respeito, trata-se de um ser em formação. O Estatuto da Criança e do Adolescente traduz-se num corolário de direitos de que são detentoras as crianças. Essa lei traz proibições necessárias, inclusive aos pais e a outros educadores. Faz exigências ao próprio Estado quanto ao atendimento das necessidades das crianças. Elas não podem ser humilhadas nem agredidas. Têm o direito à felicidade, ao amor.

Merece respeito o trabalhador, independentemente de sua profissão. Por isso fala-se tanto do ambiente de trabalho, que deve ser salutar para que cada um desenvolva as suas potencialidades. Como é bom trabalhar em um ambiente em que as pessoas se respeitam; em que há hierarquia, mas não humilhação ou prepotência!

Merece respeito qualquer ser humano, homem ou mulher, de qualquer origem. E isso se ensina em casa, com uma família que compreende as diferenças e que valoriza os afetos. O exemplo dos pais faz com que os filhos venham a ter determinação para não se dobrarem frente às aparências nem ao dinheiro. Quantos jovens se perdem por aí em busca de dinheiro fácil, fazem qualquer coisa para realizar o desejo do ter. Não possuem a determinação de esperar o tempo certo para a conquista do que se deseja de forma prudente. Não aprenderam a recusar o errado e isso, às vezes, causa a derrocada de toda uma vida.

Respeitar alguém é entender os seus limites, pois limites todos têm. É entender os seus sonhos, porque sonhos todos têm. Os pais precisam saber que a criança não será o resultado de um desenho, feito em mente, da perfeição. Os pais que esperam muito dos filhos dão a eles uma carga de responsabilidade maior do que a necessária. E fazem com que sofram com as incertezas de realizar o sonho alheio. Exigir isso dos filhos é não entender a beleza da paternidade e da maternidade. Tantas histórias eu presenciei na minha vida de educador, casos de desrespeito e incompreensão em famílias doentes!

John Locke, filósofo inglês do final do século XVII, escreveu que *de todos os homens com quem encontramos, nove em dez são o que são, bons ou maus, úteis ou não, pela sua educação. É o que faz a grande diferença na humanidade: as pequenas e quase sutis impressões de nossa tenra infância têm consequências muito importantes e duradouras.*

As famílias doentes deformam a face de uma criança e roubam dela o direito de crescer em harmonia. É a metáfora da planta torta que terá enorme dificuldade em endireitar depois que sua raiz estiver robustecida pelo tempo. Locke foi ousado em sua época ao lutar contra os castigos corporais que frequentavam as casas e as escolas. É desrespeito e covardia bater em uma criança.

Os pais não podem e não devem bater nos filhos. Compreender a formação de um caráter significa entender que as negociações e os limites não precisam frequentar as esferas de um poder transformado em medo por uma violência sem sentido. Os filhos têm de obedecer aos pais por respeito, não por medo. O medo impede a autonomia e fragiliza o amor. Os filhos, por medo, deixam de contar aos pais as dores cotidianas, deixam de perguntar-lhes sobre as dúvidas que a convivência com o mundo suscita. E sonham em se libertar do lar. Antecipam casamento ou escolhem estudar em outra cidade para se libertar do pai ou da mãe opressora. A família precisa acolher, não expulsar.

Na família, aprende-se a aceitação do que se é e do que se gostaria de ser. Aceitação é uma das palavras mais bonitas da língua portuguesa. Sua etimologia latina remete ao significado de ter o hábito de receber e acolher. De perceber, de ouvir, de conceber, de compreender, enfim.

O ser humano viveu algumas utopias na chamada modernidade. O desejo de dominar o mundo pela razão, de dominar a ciência, a felicidade, as relações humanas. O desejo de intervir no tempo e parar o envelhecimento, ou, quem sabe, a morte. Muitas dessas utopias se desacreditaram. A ciência não necessariamente melhorou o ser humano. Não se conseguiu dominar quase nada, e a fragilidade da vida continua a mesma.

A inteligência humana tem limites. Obviamente, é extraordinário quando se consegue descobrir a cura para alguma doença, fabricar um móvel mais confortável, inventar um meio mais rápido de se transmitir informações, e assim sucessivamente. Esses desafios são fundamentais para que o ser humano não se acomode. Entretanto, há coisas que não podem ser mudadas, e aí vem a riqueza da gentileza da compreensão.

A começar do universo intrínseco. É fundamental que uma pessoa se aceite como é. Isso não significa que não possa mudar, evoluir, melhorar. Entretanto, deve aceitar a família em que nasceu, porque foi essa e não outra. Deve aceitar que a idade que tem hoje é diferente daquela que já teve, porque o tempo é implacável. Aceitar que o envelhecimento faz parte da vida e é imprescindível para a felicidade. Pessoas que não se conformam com as perdas que o tempo traz, com a morte de entes queridos, por exemplo, vivem amarguradas, e esse sentimento acaba se refletindo nas suas relações com as outras pessoas. Não há como não aceitar perdas de possibilidades, perdas de rigidez da pele e dos músculos. Há elementos que retardam o processo e, inclusive, ajudam a ter melhor qualidade de vida. Alimentação saudável, prática de atividades físicas, meditação, boa convivência. Tudo isso traz benefícios e auxilia na construção de uma vida digna. Porém, por oposição à inconstância da vida, a nossa aceitação deve ser constante.

No universo da compreensão e do respeito, um pouco mais de Cora Coralina*, a mulher que inaugurou sua poesia aos 76 anos de idade:

Eu sou aquela mulher
a quem o tempo
muito ensinou.
Ensinou a amar a vida.
Não desistir da luta.
Recomeçar na derrota.
Renunciar a palavras e pensamentos negativos.
Acreditar nos valores humanos.
Ser otimista.

Creio numa força imanente
que vai ligando a família humana
numa corrente luminosa
de fraternidade universal.
Creio na solidariedade humana.
Creio na superação dos erros
e angústias do presente.

Acredito nos moços.
Exalto sua confiança,
generosidade e idealismo.

---

* CORALINA, Cora; DENOFRIO, Darcy F. *Eu sou aquela mulher* in: *Melhores Poemas de Cora Coralina*. São Paulo, 2004.

*Creio nos milagres da ciência
e na descoberta de uma profilaxia
futura dos erros e violências
do presente.*

*Aprendi que mais lutar
Do que recolher dinheiro fácil.
Antes acreditar do que duvidar.*

Na simplicidade da poeta de Goiás, o futuro da habilidade cognitiva:

*Creio nos milagres da ciência
e na descoberta de uma profilaxia
futura dos erros e violências
do presente.*

Se não fosse por isso, por que inventaram a ciência?

E a nossa reflexão sobre a compreensão e o respeito se explica também na sua poesia:

*Creio na solidariedade humana.
Creio na superação dos erros
e angústias do presente.*

Sem solidariedade, não há educação. Sem compreensão, não há superação dos erros, e, sem respeito, não há vida digna.

Capítulo II

Dizer "sim" e dizer "não"

Dizer "sim" é mais fácil do que dizer "não". O ser humano é animal social e precisa da aprovação do outro para viver em harmonia consigo mesmo. Não consegue desenvolver-se sozinho. Por mais dolorosa que seja a caminhada na convivência de pessoas que magoam, traem, humilham, destroem, sem elas, não há como caminhar.

Na convivência, o acolhimento dos nossos pedidos torna mais fácil a relação com o outro. Não necessariamente mais correta, mais profunda. A arte de dizer "sim" ajuda a moldar o amor próprio, o respeito às escolhas, a direção, etc. Dizer "sim" significa concordar com o convite, com o que foi dito, explicitado, pedido ou questionado. Dizer "sim" é demonstrar que as opções do outro, embora muitas vezes diferentes da minha, têm sentido e conduzem a um bom caminho.

Dizer "sim" é proporcionar uma sensação imediata de prazer a quem pediu. A criança pede um brinquedo, e o pai diz "sim". Pede para dormir na casa de um colega, e a mãe diz "sim". Pede um prato diferente no almoço, e o pai diz "sim". Pede uma viagem de férias, e a mãe diz "sim". Pede que lhe contem uma história de dormir, pede um beijo de boa-noite, pede um sorriso de bom-dia, e recebe um "sim" pleno de desejo de que aqueles dias infantis se convertam em entardeceres preciosos de uma vida digna.

O sorriso do filho pela aceitação do pai e da mãe é como um corolário de joias que enfeita a relação da família. E é exatamente por isso que não há problema algum em concordar com os desejos dos filhos. Na maior parte do tempo, dizemos "sim" porque as escolhas são mais corretas do que erradas, principalmente antes dos vícios tomarem conta da nossa personalidade.

Dizer "não" é mais complicado. O "não" assusta, afasta, incomoda. O "não" destrói a lógica do pedido e o desejo da aceitação. Custa ver o sorriso transmutado em decepção quando se ouve um "não". A alegria da espera se converte, na melhor das hipóteses, em paciência e compreensão. Geralmente, a criança sofre ao receber um "não". Arrepende-se do pedido feito em hora inoportuna. E lamenta um sofrimento que, aos olhos dos adultos, é uma bobagem, mas que para ela é um corte em sua pequena trajetória.

Cortes são necessários. Sem a devida poda, a árvore não cresce. O "não" consciente é o "não" que protege sem sufocar, é o "não" que orienta para a vida aquele que não tem o discernimento ainda das escolhas.

Alguns pais dizem "sim" porque se cansaram de tentar explicar o que é correto e acham que todo o esforço foi em vão. Outros porque perderam a crença na humanidade e desacreditam do próprio poder de construir um mundo correto.

É de Ruy Barbosa esta oração:

De tanto ver triunfar as nulidades,
de tanto ver prosperar a desonra,

de tanto ver crescer a injustiça,
de tanto ver agigantarem-se os poderes nas mãos dos maus,
o homem chega a desanimar da virtude,
a rir-se da honra,
a ter vergonha de ser honesto.

Talvez os jornais tragam mais notícias desagradáveis do que agradáveis. Talvez a desonestidade seja mais glamorizada que a correção. A injustiça é noticiada, a justiça, não. Os fatos terríveis de violência, de desonra, de maldade não podem retirar o ânimo da virtude. Sou daqueles que acreditam que o mal é exceção.

Chico Buarque, grande observador e crítico dos paradoxos do comportamento humano, tornou famosa uma música, composta por Luís Reis e Haroldo Barbosa, que trata, com ironia, da voracidade da mídia em anunciar a desgraça, em detrimento da dor:

Notícia de Jornal*

Tentou contra a existência
Num humilde barracão.
Joana de tal, por causa de um tal João.

Depois de medicada,
Retirou-se pro seu lar.
Aí a notícia carece de exatidão,
O lar não mais existe,
Ninguém volta ao que acabou.

---

* Disco: Chico Buarque e Maria Bethânia 1975 – ao vivo.
  Letra: Luis Reise Haroldo Barbosa.

Joana é mais uma mulata triste que errou.
Errou na dose,
Errou no amor,
Joana errou de João.
Ninguém notou,
Ninguém morou na dor que era o seu mal.
A dor da gente não sai no jornal.

Os pais precisam dizer "não" para os filhos nas vezes em que estes negarem o bem. As explicações, ora econômicas, ora abundantes, podem minimizar as frustrações e aproximar ainda mais a família.

Ouvi essa história de uma amiga. Em um Natal, ela pediu uma vitrola (isso faz algum tempo) para o pai. O pai não tinha dinheiro e sabia que a filha, como as outras amigas da sua escola, sonhava com um presente bonito de Natal. Ele não disse nada. E, na noite de Natal, pôs a menina no colo e lhe entregou um presentinho. Antes, o pai explicou:

– Filha, você merece as coisas mais lindas deste mundo, mas eu não tenho dinheiro para lhe dar muitas delas. A vitrola vai ficar para outro ano, este ano eu vou lhe dar a filhinha da vitrola.

E deu a ela um radinho pequeno, que era o que permitiam as suas posses. Isso faz tanto tempo, e a filha ainda se lembra, com o maior orgulho, do que lhe disse o pai amado. Talvez, se ele tivesse lhe dado a vitrola, ela já até houvesse se esquecido da história, mas o gesto de criatividade frente ao "não" necessário, com explicações breves e ternas, marcaram a sua relação com o pai.

Os pais precisam dizer "não" quando perceberem que as escolhas não estão sendo corretas.

– Você não vai viajar sozinho. Vai chegar o dia em que você escolherá as suas companhias. Por enquanto, nós escolhemos juntos.

– Não vai ter computador no seu quarto. Eu sinto muito. Vamos colocar os computadores na área comum da casa. Tem tempo pra tudo. E o tempo de dormir é essencial pra você.

– Você vai à escola, sim, e pare de fingir doença. Essas mentiras não combinam com você.

– Não vai fumar, não. Eu decido ainda o que faz bem ou mal para você.

– Não vai usar carteirinha falsificada, não. A honestidade é um valor na nossa casa.

– Devolva o troco errado. Você não precisa disso.

Ou quando criança:

– Escolha apenas um brinquedo.

– Não. Nunca bata nas pessoas. Peça desculpas.

– Sem birra. Você não precisa disso.

– Pronto, já brincou demais, é hora de dormir.

– Não. Você não vai comigo. A escolha foi sua. Não falei que era preciso estudar mais cedo?

– Eu te amo, meu filho, por isso temo que você se machuque. Não suba mais na mesa.

A sinceridade dos pais ajuda a construir um vínculo significativo com os seus filhos. Criar pequenos tiranos não contribui para a necessária preparação das crianças para a condução de uma vida pessoal e profissional em que o "sim" e o "não" deverão conviver com muita frequência. Os filhos precisam de limites. Precisam de limites de horário, de estudo, de lazer, de encontros. Precisam de limites até para aprender a se alimentar corretamente. São seres em formação, em construção.

Há crianças que fazem das birras um jogo constante para conseguir a atenção e a aprovação dos pais. E os pais cedem. E permitem que elas façam o que quiserem. São crianças mimadas, que terão enorme dificuldade de convivência, por não terem aprendido a ouvir um "não". E quem não aprendeu com o "não" terá maior trabalho em dizer "não" para as coisas que ferem o caráter e a própria vida. O jovem, que jamais ouviu "não", poderá ter mais problemas em dizer "não" para as drogas, para a violência, para o álcool. Ninguém lhe preparou para a vida.

Ao dar a conhecer à criança as razões que sustentam o seu "não", o adulto ajuda o mais jovem a entender que nem tudo é permitido, dando início a um processo de convencimento interno que ajuda a organizar os desejos. Os desejos fazem parte da vida de toda pessoa, mas são inferiores às escolhas. Saber escolher significa dizer "sim" para algumas coisas e "não" para outras. Saber escolher significa harmonizar os ofícios profissionais com o lazer. Significa cuidar do bem-estar. Significa ter autonomia.

Não é possível desenvolver autonomia sem capacidade de escolha. E a capacidade de escolha se aprende desde cedo como um hábito, como a gentileza, que também se aprende ouvindo "sim" e "não".

Os pais se doam aos filhos. Doar significa presentear, brindar, entregar sem a expectativa de receber algo em troca ou em pagamento. Os pais dão generosamente o que são e o que têm aos filhos. É uma entrega gentil de amor, que não deve ser interpretada como permissividade nem servir de pretexto para a omissão diante de erros, mas como preparação para a vida. Famílias gentis têm maior probabilidade de gerar filhos gentis.

Nas relações humanas, a gentileza surge como uma doação. Doar o conhecimento para quem está perdido e pede uma informação. Os filhos estão perdidos com medo do fracasso, das escolhas erradas, dos vestibulares, dos amores não correspondidos, dos vazios de uma alma entremeada por belezas e estranhezas. E os pais podem ajudar os filhos a se informarem sobre as mais variadas situações da vida, sem roubar-lhes o prazer de conhecer o mundo com os próprios olhos.

Um pai ajuda uma senhora que não consegue tirar sozinha a mala que está no bagageiro. E o filho repara. Uma mãe dá lugar a uma cansada senhora, em uma fila qualquer. E o filho repara. Um pai ouve as perguntas de um estrangeiro perdido, uma mãe ajuda como voluntária em um asilo, um pai não responde a provocações no trânsito, uma mãe trata com delicadeza a empregada da casa. E o filho repara. Esses são ensinamentos preciosos que ajudam a formar o caráter e que preparam para a vida.

Além do bem que fazem aos filhos, as ações corretas dos pais ajudam a ter, eles próprios, uma vida mais feliz. A doação ao outro é o contrário da ganância. Quem quer tudo para si é incapaz de perceber o outro. E esse desejo incontrolável de ter tudo impede a gentileza, a felicidade. É por isso que dizer "não" a algum capricho do filho é importante. Ter tudo não é correto nem possível. A doação ao outro faz um bem enorme ao doador. Pequenas ações cotidianas de amor se refletem no humor, na disposição de viver, na vontade de conviver. Ao contrário do que possa parecer, quem tenta levar vantagem é sempre atormentado pelo desejo de ganhar. Não entende o que significa, de fato, ganhar.

É disso que trata o texto de Paulo Mendes Campos. Nele percebemos a tentativa, a preocupação do pai em transmitir a Maria da Graça todos os ensinamentos possíveis para que ela sobreviva às intempéries da vida.

Para Maria da Graça[*]

Quando ela chegou à idade avançada de 15 anos, Maria da Graça, eu lhe dei de presente o livro Alice no País das Maravilhas.

Este livro é doido, Maria. Isto é: o sentido dele está em ti.

Escuta: se não descobrires um sentido na loucura, acabarás louca. Aprende, pois, logo de saída para a grande vida, a ler este livro como um simples manual do sentido evidente de todas as coisas, inclusive as loucas. Aprende isso a teu modo, pois te dou apenas umas poucas chaves entre milhares que abrem as portas da realidade.

A realidade, Maria, é louca.

---

[*] CAMPOS, Paulo M. *O amor acaba*. Rio de Janeiro: Editora Civilização Brasileira, 1999.

Nem o Papa, ninguém no mundo, pode responder sem pestanejar à pergunta que Alice faz à gatinha: "Fala a verdade, Dinah, já comeste um morcego?".

Não te espantes quando o mundo amanhecer irreconhecível. Para melhor ou pior, isso acontece muitas vezes por ano. "Quem sou eu no mundo?" Essa indagação perplexa é o lugar comum de cada história de gente. Quantas vezes mais decifrares essa charada, tão entranhada em ti mesma como os teus ossos, mais forte ficarás. Não importa qual seja a resposta; o importante é dar ou inventar uma resposta. Ainda que seja mentira.

A "sozinhez" (esquece essa palavra que inventei agora sem querer) é inevitável. Foi o que Alice falou no fundo do poço: "Estou tão cansada de estar aqui sozinha!" O importante é que ela conseguiu sair de lá, abrindo a porta. A porta do poço! Só as criaturas humanas (nem mesmo os grandes macacos e os cães amestrados) conseguem abrir uma porta bem fechada, e vice-versa, isto é, fechar uma porta bem aberta.

Somos todos bobos, Maria. Praticamos uma ação trivial, e temos a presunção petulante de esperar dela grandes consequências. Quando Alice comeu o bolo, e não cresceu de tamanho, ficou no maior dos espantos. Apesar de ser isso o que acontece, geralmente, às pessoas que comem bolo.

Maria, há uma sabedoria social ou de bolso; nem toda sabedoria tem de ser grave.

A gente vive errando em relação ao próximo e o jeito é pedir desculpas sete vezes por dia: "Oh, I beg your pardon!"

Pois viver é falar de corda em casa de enforcado. Por isso te digo, para a tua sabedoria de bolso: se gostas de gato, experimenta o ponto de vista do rato.

Foi o que o rato perguntou à Alice: "Gostarias de gatos se fosses eu?".

Os homens vivem apostando corrida, Maria. Nos escritórios, nos negócios, na política nacional e internacional, nos clubes, nos bares, nas artes, na literatura, até amigos, até irmãos, até marido e mulher, até namoradas, todos vivem apostando corrida. São competições tão confusas, tão cheias de truques, tão desnecessárias, tão fingindo que não é, tão ridículas muitas vezes, por caminhos tão escondidos que, quando os atletas chegam exaustos a um ponto, costumam perguntar: "A corrida terminou! Mas quem ganhou?" É bobice, Maria da Graça, disputar uma corrida se a gente não irá saber quem venceu. Se tiveres de ir a algum lugar, não te preocupe a vaidade fatigante de ser a primeira a chegar. Se chegares sempre aonde quiseres, ganhastes.

Disse o ratinho: "Minha história é longa e triste!" Ouvirás isso milhares de vezes. Como ouvirás a terrível variante: "Minha vida daria um romance". Ora, como todas as vidas vividas até o fim são longas e tristes, e como todas as vidas dariam romances, pois o romance é só o jeito de contar uma vida, foge, polida, mas energicamente, dos homens e das mulheres que suspiram e dizem: "Minha vida daria um romance!" Sobretudo dos homens. Uns chatos irremediáveis, Maria.

Os milagres sempre acontecem na vida de cada um e na vida de todos. Mas, ao contrário do que se pensa, os melhores e mais fundos milagres não acontecem de repente, mas devagar, muito devagar. Quero dizer o seguinte: a palavra depressão cairá de moda mais cedo ou mais tarde. Como talvez seja mais tarde, prepara-te para a visita do monstro, e não te desesperes ao triste pensamento de Alice: "Devo estar diminuindo de novo". Em algum lugar há cogumelos que nos fazem crescer novamente.

E escuta esta parábola perfeita: Alice tinha diminuído tanto de tamanho que tomou um camundongo por um hipopótamo. Isso acontece muito, Mariazinha. Mas não sejamos ingênuos, pois o contrário também acontece. E é um outro escritor inglês que nos fala mais ou menos assim: o camundongo que expulsamos ontem passou a ser hoje um terrível rinoceronte. É isso mesmo. A alma da gente é uma máquina complicada que produz durante a vida uma quantidade imensa de camundongos que parecem hipopótamos e de rinocerontes que parecem camundongos. O jeito é rir no caso da primeira confusão e ficar bem disposto para enfrentar o rinoceronte que entrou em nossos domínios disfarçado de camundongo. E como tomar o pequeno por grande e o grande por pequeno é sempre meio cômico, nunca devemos perder o bom humor.

Toda pessoa deve ter três caixas para guardar humor: uma caixa grande para humor mais ou menos barato que a gente gasta na rua com os outros; uma caixa média para humor que a gente precisa ter quando está sozinho, para perdoares a ti mesma, para rires de ti mesma; por fim, uma caixinha preciosa, muito escondida, para as grandes ocasiões. Chamo de grandes ocasiões os momentos perigosos em que estamos cheios de dor ou de vaidade, em que sofremos a tentação de achar que fracassamos ou triunfamos, em que nos sentimos umas drogas ou muito bacanas.

Cuidado, Maria, com as grandes ocasiões.

Por fim, mais uma palavra de bolso: às vezes uma pessoa se abandona de tal forma ao sofrimento, com uma tal complacência, que tem medo de não poder sair de lá. A dor também tem o seu feitiço, e este se vira contra o enfeitiçado. Por isso Alice, depois de ter chorado um lago, pensava: "Agora serei castigada, afogando-me em minhas próprias lágrimas".

Conclusão: a própria dor deve ter a sua medida: É feio, é imodesto, é vão, é perigoso ultrapassar a fronteira de nossa dor, Maria da Graça.

É preciso dizer "não" para a ambição que retira a serenidade. Competir é indispensável em um mundo cada vez mais complexo em suas relações de poder, entretanto, é possível competir cooperando. Dizer "sim" para a cooperação é exigir que os filhos façam a sua parte na convivência familiar.

Certa mãe reclamava do fato de ter duas filhas tiranas, de 17 e 19 anos, que davam ordens e não ajudavam em nada na casa. Cansada, ela dizia da tristeza em saber que nunca a comida estava do agrado, que a arrumação não era do jeito que elas queriam, que a ingratidão já tinha tomado conta das meninas moças. O erro está em permitir ser tiranizado. A comida não está do jeito que elas querem, ótimo, que façam jejum ou que comam em outro lugar. E se não ajudarem nem a cozinhar nem a lavar a louça, talvez não tenham o que comer. Parece cruel, mas é educativo. E se tiver leveza no discurso, haverá de educar ainda mais. Imaginem a mãe dizendo-lhes que está cansada e que, portanto, o melhor seria que comessem alguma bolacha guardada na despensa. E nada de sacrifícios para filhos que não reconhecem!

Crianças com birra, porque não têm a comida que querem, não devem apanhar – aliás, bater é proibido em qualquer situação, nada justifica surra nem violência – mas devem ficar sem comer. Comem depois, quando a fome vier e, com ela, a humildade de entender que há tanta gente sem nenhuma comida.

Privar de alguns prazeres é permitido, bater, não.

E os pais, sabendo educar com autoridade em casa, não precisarão estar expostos aos escândalos públicos de crianças inquietas por um capricho não atendido. E o legado tem de ser de amor.

Diz Victor Hugo em *Desejo*:

Desejo primeiro que você ame,
E que amando, também seja amado.
E que se não for, seja breve em esquecer.
E que esquecendo, não guarde mágoa.
Desejo, pois, que não seja assim,
Mas se for, saiba ser sem desesperar.

Desejo também que tenha amigos,
Que mesmo maus e inconsequentes,
Sejam corajosos e fiéis,
E que pelo menos num deles
Você possa confiar sem duvidar.
E porque a vida é assim,
Desejo ainda que você tenha inimigos.
Nem muitos, nem poucos,
Mas na medida exata para que, algumas vezes,
Você se interpele a respeito
De suas próprias certezas.
E que entre eles, haja pelo menos um que seja justo,
Para que você não se sinta demasiado seguro.
Desejo depois que você seja útil,
Mas não insubstituível.
E que nos maus momentos,

Quando não restar mais nada,
Essa utilidade seja suficiente para manter você de pé.
Desejo ainda que você seja tolerante,
Não com os que erram pouco, porque isso é fácil,
Mas com os que erram muito e irremediavelmente,
E que fazendo bom uso dessa tolerância,
Você sirva de exemplo aos outros.
Desejo que você, sendo jovem,
Não amadureça depressa demais,
E que sendo maduro, não insista em rejuvenescer
E que sendo velho, não se dedique ao desespero.
Porque cada idade tem o seu prazer e a sua dor e
É preciso deixar que eles escorram por entre nós.

Desejo por sinal que você seja triste,
Não o ano todo, mas apenas um dia.
Mas que nesse dia descubra
Que o riso diário é bom,
O riso habitual é insosso e o riso constante é insano.
Desejo que você descubra,
Com o máximo de urgência,
Acima e a respeito de tudo, que existem oprimidos,
Injustiçados e infelizes, e que estão à sua volta.

Desejo ainda que você afague um gato,
Alimente um cuco e ouça o joão-de-barro
Erguer triunfante o seu canto matinal
Porque, assim, você se sentirá bem por nada.

Desejo também que você plante uma semente,
Por mais minúscula que seja,
E acompanhe o seu crescimento,
Para que você saiba de quantas
Muitas vidas é feita uma árvore.

Desejo, outrossim, que você tenha dinheiro,
Porque é preciso ser prático.
E que pelo menos uma vez por ano
Coloque um pouco dele
Na sua frente e diga "Isso é meu",
Só para que fique bem claro quem é o dono de quem.

Desejo também que nenhum de seus afetos morra,
Por ele e por você,
Mas que se morrer, você possa chorar
Sem se lamentar e sofrer sem se culpar.
Desejo por fim que você sendo homem,
Tenha uma boa mulher,
E que sendo mulher,
Tenha um bom homem

E que se amem hoje, amanhã e nos dias seguintes,
E quando estiverem exaustos e sorridentes,
Ainda haja amor para recomeçar.
E se tudo isso acontecer,
Não tenho mais nada a te desejar.

Capítulo III

A família na escola

A família é a primeira etapa do processo educativo. Antes de qualquer contato externo, é no lar que a criança sente, observa, aprende.

Cada vez mais cedo, as crianças têm ido para a escola. Algumas vão primeiro para as creches, porque os pais trabalham e é mais seguro deixar os filhos em um espaço acolhedor.

Muitos pais perguntam se o ideal é manter os filhos por mais tempo em casa ou, desde cedo, enviá-los para as creches. Não se trata de discutir o ideal, mas o real. Deixar as crianças em casa o dia todo, sem os cuidados necessários com a sua saúde e os sinais que a convivência com outras pessoas proporcionam, não é saudável.

Da creche à educação infantil, as crianças vão aprendendo o valor da convivência e dos afetos. Vão iniciando o desenvolvimento das habilidades cognitivas, por meio de diversos instrumentos pedagógicos. O despertar da curiosidade, ou ao menos o cuidado para não sufocá-la, é papel da escola. É condenável a prática escolar que não valoriza a criatividade, que impõe verdades preestabelecidas e desconsidera a bagagem que a criança carrega. A tese da tábula rasa já foi superada, ou seja, imaginar que as crianças não trazem nada de sua breve história de vida, e que, portanto, os professores podem despejar o conteúdo que considerarem correto, é um equívoco que precisa ser evitado.

Ainda em relação às creches e à educação infantil, é fundamental que os pais, embora trabalhem e estejam ocupados quase o dia todo, preocupem-se com o espaço e as pessoas que cuidam dos seus filhos. O ideal é que visitem com frequência a escola, que conversem com coordenadores, professores, outros pais, porque um filho é uma preciosidade que não se entrega a qualquer um. Além disso, nos momentos em que a família estiver reunida, é preciso compreender que a atenção deve ser integralmente dada aos filhos. Os filhos compreendem a ausência dos pais que trabalham, principalmente se há diálogo e se os pais dizem o que fazem, onde trabalham, por que trabalham – o objetivo de dar uma vida melhor a eles. Mas os filhos não compreendem os pais que, mesmo em casa, são ausentes, por serem incapazes de lhes dar a menor demonstração de carinho, seja por causa da novela ou do futebol, por exemplo. Ou os pais que, em finais de semana, preferem beber com os amigos a criar um ambiente de prazer para os filhos; que não se dispõem a fazer coisas simples, como levá-los para um passeio no parque ou na praia, ir ao cinema, disputar jogos em casa, contar histórias, enfim não se dispõem a conviver com as suas próprias crianças.

Tão bonita é a história, de autoria desconhecida, do pai que trabalhava até tarde e saía de casa muito cedo, jamais encontrando o filho acordado. Para marcar a sua presença, todas as noites, ao chegar em casa, dava um beijo no filho e um nó na ponta do lençol. Era o seu jeito de demonstrar amor e estar presente no dia a dia do filho. Quando o garoto acordava, via o nó e sabia que o pai estivera ali. O nó era o meio de comunicação entre eles, era uma prova de amor. Em uma reunião de pais, a diretora da escola em que o menino estudava ressaltou a importância do apoio da família na educação das crianças e a necessidade de estarem sempre presentes. O pobre pai, sentindo-se culpado, levantou e contou a dificuldade encontrada para estar presente, já que necessitava do trabalho para sustento do lar. Relatou a todos ali a forma que havia encontrado para diminuir a culpa de sua ausência: o nó no lençol. A diretora, emocionada, perguntou o nome de seu filho. Nesse momento, descobriu que o garoto era um dos alunos mais aplicados da escola. Muitas vezes os pais preocupam-se com tantas coisas, mas se esquecem da importância dos pequenos gestos.

É preciso insistir na tese de que a convivência, nos momentos possíveis, sana a ausência necessária dos pais. E essa convivência deve respeitar o espaço que traga felicidade aos filhos. É o universo dos afetos, em que prazeres individuais são sacrificados pela nova história que se ousou construir. Pais que trabalham durante toda a semana talvez gostariam de fazer, nos fins de semana, coisas que interessem a eles próprios, mas não aos filhos. Não que isso nunca possa ser feito, mas a opção em constituir família, em ter filhos, restringe coisas que os namorados ou os casados sem filhos poderiam fazer. Os filhos anseiam pelos momentos em que terão os pais só para si. E esses momentos são sagrados.

Algumas crianças se ressentem do fato de que, nos momentos de lazer, sempre surge algum amigo do pai ou da mãe, com quem precisarão dividir os afetos. Isso não é proibido, evidentemente. Mas é preciso reservar alguns momentos apenas para a família: pai, mãe e filhos.

O ensino fundamental trabalha com conteúdos e habilidades diversas para a formação de uma pessoa. A participação dos pais na escola é fundamental por vários motivos. Primeiro, para saber se o espaço é acolhedor, se os filhos são bem tratados, se não há lugar para traumas, apelidos, deboches. Depois, para saber se a aprendizagem respeita a história dos filhos e se os conteúdos são construídos coletivamente. É importante notar se o filho gosta de ir à escola, e, se não gosta, por que não gosta. O *bullying* é um dos grandes males resultantes da má convivência entre crianças no ambiente escolar. Entende-se por *bullying* a agressão, intencional e repetida, a que são submetidas crianças que, por motivos distintos, de ordem estética, comportamental, racial, religiosa, etc., são discriminadas por colegas que, para intimidá-las ou persegui-las, fazem uso de apelidos pejorativos ou, até mesmo, de violência física. São agressões simbólicas ou reais. Um exemplo cruel é o da prática do *cyberbullying*, por meio da qual alguns alunos batem em outro para filmar a surra e veicular as imagens pela Internet. Os pais têm de estar atentos para os sinais de tristeza dos filhos. Quando há diálogo em casa, é mais fácil a criança contar os horrores a que é submetida na escola, e os pais rapidamente poderão tomar providências.

Um caso chocante, que aconteceu em uma escola no interior do Estado do Rio de Janeiro, ilustra um pouco as consequências do *bullying*. Uma mãe insistiu muito para o filho que cortasse os cabelos; na verdade, obrigou-o. "O cabelo era enorme e ruim", dizia a própria mãe. O menino, sem ter escolha, cortou os cabelos, levado pela mãe. Dois dias depois, começou a reclamar de dores pelo corpo, mas a mãe era brava, e ele tinha medo de dizer o que tinha acontecido na escola. A mãe o levou a um pronto-socorro, onde foi informada de que o problema era renal e foram-lhe prescritos os remédios necessários. Como o menino não melhorou, no dia seguinte ela o levou novamente ao centro de atendimento ambulatorial, e um outro médico lhe disse que o seu filho precisaria ser internado em um hospital, porque fora diagnosticado apendicite, e ele deveria ser operado imediatamente. A mãe, sem condições de atendimento particular, enfrentou a via-sacra do hospital público e, quando conseguiu a internação, o diagnóstico era outro. O menino tinha traumatismo craniano em decorrência dos tapas e socos que recebia "de brincadeira", como justificaram os colegas, na escola. Era por esse motivo que ele não queria cortar o cabelo. Ele apanhava na cabeça, e o cabelo o protegia. A mãe, desesperada, viu o filho morrer.

Uma outra história, em São Paulo, teve um final menos trágico, mas talvez não menos traumático. Uma menina sonhava em ser médica. A mãe, enfermeira, resolveu matriculá-la em uma escola particular para que ela pudesse aprender melhor e ingressar em uma faculdade pública de Medicina. A menina gostava da escola e, mais ainda, do professor de Matemática. Gostava tanto que mudou de ideia. Queria ser engenheira para trabalhar com números, projeções, planos, etc. O professor tinha uma didática e um conteúdo que impressionavam a jovem menina. Já no final do ensino médio, em um dos últimos dias de aula, o professor, que tinha acompanhado a turma durante os três anos, resolveu contar uma piada de cunho racista. A menina era a única negra na sala de aula. A piada criminosa calou fundo na menina. Toda a classe riu, inclusive ela para não ficar de fora. A mãe, não sabe por que motivo, resolveu chegar mais cedo em casa. Ouviu uma música alta proveniente do quarto da filha, cuja porta estava fechada. Entrou e viu a menina caída. Havia tentado se matar, depois de escrever uma longa carta de despedida, perguntando-se por que era negra. A mãe teve tempo de levá-la ao hospital e salvar a sua vida. O que causa indignação e perplexidade é a atitude do professor. Sua falta de cuidado com os seus alunos. Sua deformação com relação ao outro. O professor justificou-se, dizendo que se tratava apenas de uma piada, uma brincadeira de final de ano. Professor não está na sala de aula para contar piadas. Ser amigo dos alunos é importante e melhora a relação de ensino-aprendizagem, mas tem de ser uma amizade responsável. O professor é um referencial, um líder que deve ter a postura que a importância da profissão lhe empresta. Nesse caso, o sofrimento foi maior porque a menina tinha enorme admiração por ele.

Esses são alguns exemplos, dentre tantos, de um sofrimento que vai tomando conta dos nossos alunos. Um dos caminhos para evitá-los é a atenção redobrada que os pais precisam ter em relação a seus filhos e ao ambiente escolar em que se encontram inseridos. Em uma família em que há diálogo, os filhos terão liberdade para contar as dores que sofrem, sanar as dúvidas quanto ao certo ou ao errado, questionar os medos naturais que todo ser humano tem.

A participação na escola precisa ser dos dois. Pai e mãe. Geralmente a mãe tem mais paciência de frequentar a escola que o pai. Os filhos precisam dos dois. A não ser que não tenha pai ou não tenha mãe. Os pais precisam demonstrar aos filhos o quanto prezam o processo educativo. Ir à escola, participar de reuniões, ir a festas, a competições, a peças de teatro, tudo isso ajuda o filho a valorizar a escola, também. Além disso, indo à escola, os pais vão perceber se as relações de seus filhos são saudáveis ou não. Vão reparar na postura da direção, dos professores, dos funcionários e dos colegas de seus filhos.

Os pais têm todo o direito de reclamar da escola, de conversar com os responsáveis. O ideal, entretanto, é que tenham uma postura tranquila para compreender o papel da escola. Pode ser que os pais tenham razão, pode ser que a escola tenha razão. Quanto mais os pais conviverem com a escola, melhor será o entendimento dos seus erros e acertos. E os diretores precisam estimular a participação dos pais. O educador não tem que ter medo das reclamações dos pais ou da presença constante da família na escola; ao contrário, os pais, conscientes do seu dever de educadores por excelência, melhoram a escola.

Há muitas formas de atrair mais os pais para a escola, que vão além das reuniões em que as notas são entregues e os problemas discutidos. Práticas culturais, eventos, atividades conjuntas, em que filhos e pais aprendem juntos, programas de qualidade de vida para toda a família. Os diretores e a equipe escolar precisam ter criatividade para atrair os pais à escola. Uma iniciativa simples, que deu enorme repercussão nas escolas públicas de São Paulo, foi o projeto das *padarias artesanais*, desenvolvido na época em que Lu Alckmin era a presidente do Fundo Social de Solidariedade do Estado de São Paulo. A escola recebia um *kit* de panificação, composto de forno, batedeira, liquidificador, balança, assadeira e botijão de gás, além de treinamento para fazer pães, bolos e biscoitos, juntamente com noções práticas de saúde, nutrição, higiene e cidadania. As mães, principalmente, iam para a escola aprender a cozinhar junto com os filhos. Alguns pais iam também. Era como relembrar o tempo antigo, em que as conversas se davam na cozinha, em torno do fogão. Nessa mesma época, no âmbito do programa *Escola da Família*, foram criadas numerosas outras atividades, de natureza esportiva, cultural e técnico-profissionalizante, com o objetivo de estimular a presença habitual dos pais nas escolas, e que muito contribuíram para a melhoria do ambiente escolar.

Em casa, os pais precisam acompanhar o que os filhos aprendem na escola. Não por motivo de desconfiança, mas de participação. Os filhos precisam sentir que os pais valorizam o que eles fazem na escola. Essa dinâmica ajuda a dar continuidade ao processo educativo. Conheço histórias de pessoas que, embora com pouca instrução, costumam "tomar a lição" dos filhos. Querem saber o que de novo têm aprendido. São esses gestos cotidianos que ajudam o aluno a perceber quanto a escola e o aprendizado são importantes para a sua vida.

Na adolescência, as transformações dos filhos desafiam ainda mais a sabedoria e a paciência dos pais. O adolescente não é um doente sem causa, um problema sem solução. O adolescente é um ser em transformação, que percebe sua voz, seu corpo, seu mundo mudarem. Tudo muda e tudo se torna absolutamente novo. Ainda sem deixar o universo da criança e sem penetrar no mundo dos adultos, o adolescente busca o seu espaço. Nessa fase é que surgem os problemas mais difíceis na escola. A criança tende a ser mais obediente, menos agressiva. O adolescente quer mostrar o seu poder, quer provar que é valente, que é corajoso.

É comum nessa fase os filhos quererem assustar os pais com histórias de indisciplina, *sites* macabros, atos de crueldade, que demonstrem valentia. Não agem por maldade, mas por necessidade de conquistar um espaço e demonstrá-lo. Nos primeiros namoros, principalmente os rapazes, fazem questão de exibir as suas namoradas como objeto de conquista. E mais, são capazes de atos bárbaros de violência se alguém tentar conquistar ou desrespeitar o que consideram lhes pertencer. A namorada se transforma em um objeto de prazer, a ser exibido como um troféu. As meninas também disputam os meninos. É um jogo constante de sedução e de necessidade de autoafirmação. Para esses jovens, mais importante que o encontro apaixonado é poder falar sobre o encontro apaixonado. É exagerar no afeto recebido.

Na escola, o adolescente também quer marcar o seu território. E é exatamente por isso que os professores precisam estar preparados para não entrar em um jogo desnecessário. O aluno começa a enfrentar o professor, porque o professor representa o poder, e ele quer desbancar o poder para ser aceito ou respeitado pelo grupo de alunos a que pertence. Discorda pelo simples prazer de discordar. Arremeda. Imita. Debocha. A autoridade do professor tem de estar acima dessas molecagens. E é por isso que o professor não deve e não pode entrar em provocações. O ideal é diminuí-las, nunca exagerá-las.

Constranger o aluno de maneira elegante, mostrando que entende sua necessidade de chamar atenção, sem usar de chacotas ou coisas parecidas. Uma autoridade construída na competência, na dignidade. Os alunos geralmente não provocam os professores que se fazem respeitados. Conquista que não é fácil, exige conhecimento e experiência.

Em casa, o adolescente também precisa chamar atenção. As cenas repetidas de filhos que usam brincos no nariz, cabelos compridos, roupas com dizeres agressivos, quartos pintados de preto, etc., podem ser interpretadas como formas de pedir socorro aos pais. Os adolescentes viajam por mundos estranhos, sem permitir que alguém lhes mostre, pelo menos, parte da jornada. Sofrem com isso, mas querem fazer sofrer toda a família. Sem falar no universo grotesco das drogas. Drogam-se por carência ou curiosidade ou qualquer outro fator que a razão não explica. E viciam-se buscando sempre a primeira sensação, que dificilmente irão de novo encontrar. Se os pais conseguirem preveni-los dos males da dependência de drogas, com diálogo, educação correta, limites, amor, tanto melhor. Se não conseguirem, precisarão ser rápidos e precisos para estender a mão ao filho caído. Numerosas histórias de dor marcam famílias que têm filhos presos ou internados em clínicas de recuperação. Por mais doloroso que seja o processo de afastamento, corolário do tratamento, ele se torna necessário quando os outros métodos falham. A recuperação é sempre mais lenta e problemática do que a prevenção.

No caso de filhos privados de liberdade, ainda assim, a melhor contribuição dos pais é a presença. Os filhos presos têm de saber que haverá espaço para uma outra história, quando deixarem a prisão. Isso é imprescindível ao processo de recuperação. O pior que pode acontecer é desistir de viver aquele que caiu e que não enxerga nenhuma possibilidade de se levantar. Não há ninguém para acolhê-lo. Ninguém para ajudá-lo a ingressar ou a voltar para o mercado de trabalho. Ninguém que ofereça o afeto tão necessário a quem feriu os outros e a si mesmo.

As doenças têm remédio. O tempo é um deles. Um filho doente pode ter nascido de uma família também doente. Muitas vezes, os pais não reconhecem que falharam e jogam toda a culpa no filho mal-agradecido que envergonha o nome e a honra da família. Outras vezes, os pais entram em um processo de destruição coletiva, de lamúrias infindas, porque assumem toda a responsabilidade dos filhos que não deram certo. Os dois extremos contribuem pouco para a solução desses problemas. O equilíbrio é uma alternativa melhor. Em algum momento erraram e perceberam o próprio erro e, a partir disso, passam a se preocupar com o que podem fazer para reconstruir a dignidade da própria família.

Excessos de proteção também são prejudiciais. Certa feita, uma mãe reclamava da ex-namorada do filho, uma ingrata, dizia ela, uma menina que foi tão amada pelo filho e, no momento em que ele mais precisou, ela o abandonou. Depois de se acalmar, a mãe disse que a ex-namorada do filho tinha terminado a relação porque não aguentava mais ver o namorado bebendo. E que a bebida fazia mal para ela também. Ela não queria uma relação assim. A mãe não perdoava a menina. Tentei argumentar dizendo que a menina não tinha feito nada de errado. O namoro é um tempo propício para que pessoas se conheçam e decidam se querem ou não construir juntos uma história. A menina decidiu que não queria passar a vida ao lado de alguém que bebia e que se tornava agressivo em decorrência do vício. Ela tinha o direito de escolher um outro namorado. A mãe não tinha o direito de escolher um outro filho. Bebendo ou não, dizia eu àquela mulher, ele continuaria sendo seu filho. E seria sempre o seu filho. Talvez o rompimento e o sofrimento, em decorrência da perda da paixão, fossem um aprendizado para ele.

A paixão é um sentimento complexo. Parece que, quanto menos correspondida, mais teimosa ela fica.

E o que o filho apaixonado em uma história não correspondida mais precisa é de presença, não de conselhos. É esperar o inverno passar e a primavera chegar. Com Cecília Meireles:

A Primavera*

A primavera chegará, mesmo que ninguém mais saiba seu nome, nem acredite no calendário, nem possua jardim para recebê-la. A inclinação do sol vai marcando outras sombras; e os habitantes da mata, essas criaturas naturais que ainda circulam pelo ar e pelo chão, começam a preparar sua vida para a primavera que chega.

Finos clarins que não ouvimos devem soar por dentro da terra, nesse mundo confidencial das raízes –, e arautos sutis acordarão as cores e os perfumes e a alegria de nascer, no espírito das flores.

Há bosques de rododendros que eram verdes e já estão todos cor-de-rosa, como os palácios de Jaipur. Vozes novas de passarinhos começam a ensaiar as árias tradicionais de sua nação. Pequenas borboletas brancas e amarelas apressam-se pelos ares –, e certamente conversam: mas tão baixinho que não se entende.

---

* MEIRELES, Cecília. *Obra em prosa*. Rio de Janeiro: Nova Fronteira, 1998.

Oh! Primaveras distantes, depois do branco e deserto inverno, quando as amendoeiras inauguram suas flores, alegremente, e todos os olhos procuram pelo céu o primeiro raio de sol.

Esta é uma primavera diferente, com as matas intactas, as árvores cobertas de folhas –, e só os poetas, entre os humanos, sabem que uma deusa chega, coroada de flores, com vestidos bordados de flores, com os braços carregados de flores, e vem dançar neste mundo cálido, de incessante luz.

Mas é certo que a primavera chega. É certo que a vida não se esquece, e a terra maternalmente se enfeita para as festas da sua perpetuação.

Algum dia, talvez, nada mais vai ser assim. Algum dia, talvez, os homens terão a primavera que desejarem, no momento que quiserem, independentes deste ritmo, desta ordem, deste movimento do céu. E os pássaros serão outros, com outros cantos e outros hábitos –, e os ouvidos que por acaso os ouvirem não terão nada mais com tudo aquilo que, outrora se entendeu e amou.

Enquanto há primavera, esta primavera natural, prestemos atenção ao sussurro dos passarinhos novos, que dão beijinhos para o ar azul. Escutemos estas vozes que andam nas árvores, caminhemos por estas estradas que ainda conservam seus sentimentos antigos: lentamente estão sendo tecidos os manacás roxos e brancos; e a eufórbia se vai tornando pulquérrima, em cada coroa vermelha que desdobra. Os casulos brancos das gardênias ainda estão sendo enrolados em redor do perfume. E flores agrestes acordam com suas roupas de chita multicor.

Tudo isto para brilhar um instante, apenas, para ser lançado ao vento –, por fidelidade à obscura semente, ao que vem, na rotação da eternidade. Saudemos a primavera, dona da vida – e efêmera.

É assim com a paixão, um dia se percebe que os efêmeros encontros ficaram no passado e que se tratava apenas de teimosia. Ou não. O tempo aproxima novamente as pessoas e ajuda a dar valor a um grande amor.

Ainda em relação à adolescência e à escola, um ponto relevante é o da escolha profissional, do vestibular que os filhos vão prestar, da faculdade que vão cursar. Os pais têm todo o direito de orientar os filhos e ajudá-los a dissipar algumas ilusões, alguns modismos. Não têm, entretanto, o direito de escolher a vida dos filhos. Cada ser humano tem o direito de viver a própria vida, de construir a própria história. E esse é um direito inalienável, até para que os filhos, no futuro, não lamentem uma vida que deixou de ser vivida apenas para atender aos caprichos dos pais.

As escolhas das carreiras não são fáceis aos adolescentes ou jovens. Trata-se de um projeto de vida, e há muitos que não têm um projeto de vida, até porque não aprenderam a fazê-lo. É preciso desmistificar o primeiro vestibular. Tirar do filho a responsabilidade de passar, de vencer, de ser o melhor. Há muitos que, com facilidade, passariam nessas provas, mas que ficam retidos pelas barreiras emocionais, pelo medo do fracasso. As comparações entre os irmãos pioram ainda mais essas situações. Se o irmão mais velho passou em determinado concurso de vestibular, o outro não tem a mesma obrigação, e talvez nem escolha a mesma universidade. Alguns pais exigem que seus filhos deem continuidade à sua própria carreira. Uma coisa é deixar claro ao filho que o fato de ser médico, ter consultório e entrada em ótimos hospitais poderá lhe facilitar a trajetória profissional; outra coisa é obrigar o filho a ser médico para trabalhar com o pai. Mesmo em organizações gigantescas, familiares, é preciso que os filhos cheguem com naturalidade, para que se sintam conquistadores do próprio espaço.

Todo ser humano sonha em construir a própria história. Mesmo aqueles que demonstram descaso com a vida, os estudos, o trabalho. No íntimo de cada ser, há um desejo de vencer. Vencer não é ficar rico ou ganhar fama. Vencer é sentir que os dias ganham significado por decorrência de uma vida digna, correta e apaixonada.

Walcyr Carrasco, grande escritor, escreveu uma crônica bem-humorada sobre um assunto sério: o comportamento dos jovens e os seus sonhos. É importante refletirmos sobre as questões que o autor suscita sobre o universo jovem:

O Selvagem[*]

Saía para a balada todas as noites. Pai e mãe descabelados. Dormia até tarde. Apareceu com uma tatuagem no braço. Um desenho que não parecia fazer sentido.

– O que é, meu filho? – gemeu a mãe.

– Tribal.

Logo a mãe descobriu que existem "escolas" de tatuagem: tribais, étnicas, new age...

O pai quase teve um infarto. Piorou quando soube que a turminha do prédio estava se reunindo em um apartamento vazio, com três velhos colchões jogados. O porteiro dedou:

– Ficam lá, a noite toda, ouvindo música...

Foram expulsos. A tia comentou:

---

[*] CARRASCO, Walcyr. *O Selvagem*. São Paulo: Global, 2004.

— Se ao menos ele tivesse uma boa namorada!

Apareceu com uma candidata. Tinha piercing nas sobrancelhas. A mãe tentou se conformar.

— Até que é bonitinho!

Ela abriu a boca para agradecer. Também tinha piercing na língua!

De noite, a mãe quis aconselhar:

— Meu filho, e se sua língua ficar presa?

O rapaz olhou-a como se fosse marciana.

— Tá me tirando, mãe?

Outra surpresa:

— Ah, meu filho, a traça roeu sua camiseta. Está cheia de furinhos.

— Comprei assim. É lançamento.

Viu a etiqueta da grife italiana. Adquirida em dez prestações no cartão!

— Você pagou tanto por uma camiseta furada!

De noite, na solidão do quarto, o pai se contorcia.

— O que vai ser desse rapaz?

Prestou vestibular. Para surpresa de todos, passou. Faculdade em uma cidade próxima. Dali a alguns meses, anunciou:

— Arrumei trabalho!

Alívio.

— Qual o salário?

— É voluntário. Em uma ONG para proteger os meninos de rua!

O casal fugiu para o cinema. Durante a pizza, o pai vociferava:

— Pode se dar ao luxo de ser voluntário porque tem quem o sustente! No meu tempo eu só pensava em comprar um carro novo!

A mãe refletiu. Anos a fio, trocando de carro. De casa. Seria tão bom não ter esse tipo de preocupação!

O marido insistiu. Era o caso de chamar um terapeuta. Marcaram consulta.

— Para quê? Não preciso de terapia!

— Você precisa conversar, tem de tomar rumo na vida! — explicou o pai.

A custo, foi convencido. Não sem alguma chantagem financeira.

O psicólogo o recebeu em uma sala aconchegante, com poltronas.

— Por que veio aqui?

— Meu pai mandou. Eu mesmo não tinha a menor vontade.

Péssimo começo.

— Não costumo receber ninguém porque o pai mandou. Estudei com sua mãe. Estou aqui como amigo. Não considere que é uma consulta.

— Meus pais não me entendem.

— Quem sabe você possa me dizer por quê.

— Eu quero qualidade de vida, sabe? Não passar o tempo todo me matando para ter coisas. Quem sabe mais tarde vou morar numa praia... e trabalhar com alguma coisa de que eu goste. Sei lá, entrei numa ONG...

O terapeuta observou as tatuagens (agora já eram cinco), o brinco ousado, a camiseta torta. Cabelos espetados. Atrás da aparência selvagem, reconheceu seu passado. Em sua época, a juventude também fora assim. Com projetos de vida. Teve uma sensação de alegria, porque afinal... a juventude continuava sendo... a juventude.

— O que você mais quer? — perguntou.

— Dividir a vida com alguém. O mundo anda complicado, tanta doença... Eu queria ter uma relação fixa. Eu só dela, ela só minha!

Sorriu:

— Quem sabe ter um filho, mais tarde.

Despediu-se do terapeuta com um abraço. O profissional ligou.

— Qual o problema do meu filho? — quis saber o pai.

— O problema é nosso, que esquecemos como fomos. E, parafraseando a música, nos tornamos como nossos pais.

— Ahn?

Quando o pai desligou, sorria. Tudo era muito diferente, mas, no fundo, igual!

Quem disse que os jovens não têm mais sonhos?

Capítulo IV

O amor conduzindo a vida

Um livro sobre família precisa tratar do mais nobre de todos os sentimentos, o amor. É compreensível que os pais cometam erros, que tomem decisões erradas, que não acertem nas escolhas, mas não é compreensível imaginar que, na relação entre pais e filhos, falte amor. É o amor que faz com que a família tenha um sentido. É o amor que justifica que dois seres humanos, que poderiam construir uma vida independente, tenham preferido se unir para construir uma história comum, e, por causa disso, deixem de lado projetos individuais e se lancem a surpreender um ao outro. Se os filhos nascessem e crescessem em famílias solidificadas pelo amor, suas histórias seriam mais simples, no sentido nobre que o valor da simplicidade empresta.

Os filhos precisam sentir que são amados. E isso não é difícil, se existir amor. Há filhos que nascem do despreparo de casais que não sabem o que querem nem para onde vão. Nascem sem serem desejados. Simplesmente nascem. Fora os tantos casos em que a mulher sozinha tem de dar conta da educação do filho, porque o homem se exime da responsabilidade, dizendo que a criança não estava nos seus planos. Como se a mulher tivesse concebido sozinha o filho. Obrigar um homem e uma mulher a se casarem por causa dos filhos me parece pouco inteligente. Isso não significa que criarão laços. O correto é que os dois ajudem, casados ou não, a dividir a responsabilidade de pai e de mãe. Em relação aos filhos de pais separados, a divisão tem de ser a mesma. A mulher não pode destruir a imagem do marido para o seu filho e nem o contrário. Se a relação acabou, independentemente dos motivos, os filhos continuam e continuarão para sempre.

Um filho de pai falecido entende e lamenta a ausência do pai. Um filho de pai vivo, ausente por opção, sofre pelo abandono do desamor. Todas essas reflexões precisam surgir antes da decisão da construção da família. Os filhos não são brinquedinhos que podem ser deixados depois de algum tempo.

Filhos são para sempre e para sempre necessitarão de atenção e amor.

A história, contada magistralmente por Érico Veríssimo, traz o drama dos problemas familiares e a capacidade de superá-los.

As mãos de meu filho[*]

Todos aqueles homens e mulheres ali na plateia sombria parecem apagados habitantes dum submundo, criaturas sem voz nem movimento, prisioneiros de algum perverso sortilégio. Centenas de olhos estão fitos na zona luminosa do palco. A luz circular do refletor envolve o pianista e o piano, que neste instante formam um só corpo, um monstro todo feito de nervos sonoros. Beethoven. Há momentos em que o som do instrumento ganha uma qualidade profundamente humana. O artista está pálido à luz de cálcio. Parece um cadáver. Mas mesmo assim é uma fonte de vida, de melodias, de sugestões – a origem dum mundo misterioso e rico. Fora do círculo luminoso pesa um silêncio grave e parado.

---

[*] VERÍSSIMO, Érico. *Contos*. São Paulo: Editora Globo, 1994.
© by herdeiros de Érico Veríssimo.

Beethoven lamenta-se. É feio, surdo, e vive em conflito com os homens. A música parece escrever no ar estas palavras em doloroso desenho. Tua carta me lançou das mais altas regiões da felicidade ao mais profundo abismo da desolação e da dor. Não serei, pois, para ti e para os demais, senão um músico? Será então preciso que busque em mim mesmo o necessário ponto de apoio, porque fora de mim não encontro em quem me amparar. A amizade e os outros sentimentos dessa espécie não serviram senão para deixar malferido o meu coração. Pois que assim seja, então! Para ti, pobre Beethoven, não há felicidade no exterior; tudo terás que buscar dentro de ti mesmo. Tão somente no mundo ideal é que poderás achar a alegria.

Adágio. O pianista sofre com Beethoven, o piano estremece, a luz mesma que os envolve parece participar daquela mágoa profunda.

Num dado momento as mãos do artista se imobilizam. Depois caem como duas asas cansadas. Mas de súbito, ágeis e fúteis, começam a brincar no teclado. Um scherzo. *A vida é alegre. Vamos sair para o campo, dar a mão às raparigas em flor e dançar com elas ao sol... A melodia, no entanto, é uma superfície leve, que não consegue esconder o desespero que tumultua nas profundezas. Não obstante, o claro jogo continua. A música saltitante se esforça por ser despreocupada e ter alma leve. É uma dança pueril em cima duma sepultura. Mas de repente, as águas represadas rompem todas as bar-*

reiras, levam por diante a cortina vaporosa e ilusória, e num estrondo se espraiam numa melodia agitada de desespero. O pianista se transfigura. As suas mãos galopam agitadamente sobre o teclado como brancos cavalos selvagens. Os sons sobem no ar, enchem o teatro, e para cada uma daquelas pessoas do submundo eles têm uma significação especial, contam uma história diferente.

Quando o artista arranca o último acorde, as luzes se acendem. Por alguns rápidos segundos há como que um hiato, e dir--se-ia que os corações param de bater. Silêncio. Os sub-homens sobem à tona da vida. Desapareceu o mundo mágico e circular formado pela luz do refletor. O pianista está agora voltado para a plateia, sorrindo lividamente, como um ressuscitado. O fantasma de Beethoven foi exorcizado. Rompem os aplausos.

Dentro de alguns momentos torna a apagar-se a luz. Brota de novo o círculo mágico.

D. Margarida tira os sapatos que lhe apertam os pés, machucando os calos. Não faz mal. Estou no camarote. Ninguém vê.

Mexe os dedos do pé com delícia. Agora sim, pode ouvir melhor o que ele está tocando, ele, o seu Gilberto. Parece um sonho... Um teatro deste tamanho. Centenas de pessoas finas, bem vestidas, perfumadas, os homens de preto, as mulheres com vestidos decotados – todos parados, mal respirando, dominados pelo seu filho, pelo Betinho!

D. Margarida olha com o rabo dos olhos para o marido. Ali está ele a seu lado, pequeno, encurvado, a calva a reluzir foscamente na sombra, a boca entreaberta, o ar pateta. Como fica ridículo nesse smoking! O pescoço descarnado, dançando dentro do colarinho alto e duro, lembra um palhaço de circo.

D. Margarida esquece o marido e torna a olhar para o filho. Admira-lhe as mãos, aquelas mãos brancas, esguias e ágeis. E como a música que o seu Gilberto toca é difícil demais para ela compreender, sua atenção borboleteia, pousa no teto do teatro, nos camarotes, na cabeça duma senhora lá embaixo (aquele diadema será de brilhantes legítimos?) e depois torna a deter-se no filho. E nos seus pensamentos as mãos compridas do rapaz diminuem, encolhem, e de novo Betinho é um bebê de quatro meses que acaba de fazer uma descoberta maravilhosa: as suas mãos... Deitado no berço, com os dedinhos meio murchos diante dos olhos parados, ele contempla aquela coisa misteriosa, solta gluglus de espanto, mexe os dedos dos pés, com os olhos sempre fitos nas mãos...

De novo D. Margarida volta ao triste passado. Lembra-se daquele horrível quarto que ocupavam no inverno de 1915. Foi naquele ano que o Inocêncio começou a beber. O frio foi a desculpa. Depois, o coitado estava desempregado... Tinha perdido o lugar na fábrica. Andava caminhando à toa o dia inteiro. Más companhias. "Ó Inocêncio, vamos tomar um traguinho?" Lá se iam, entravam no primeiro boteco. E vá cachaça! Ele voltava para casa fazendo um esforço desesperado para não cambalear. Mas mal abria a boca, a gente sentia logo o cheiro de caninha. "Com efeito, Inocêncio! Você andou bebendo outra vez!" Ah, mas ela não se abatia. Tratava o marido como se ele tivesse dez anos e não trinta. Metia-o na cama. Dava-lhe café bem forte sem açúcar, voltava para a Singer, e ficava pedalando horas e horas. Os galos já estavam cantando quando ela ia deitar, com os rins doloridos, os olhos ardendo. Um dia...

De súbito os sons do piano morrem. A luz se acende. Aplausos. D. Margarida volta ao presente. Ao seu lado Inocêncio bate palmas, sempre de boca aberta, os olhos cheios de lágrimas, pescoço vermelho e pregueado, o ar humilde... Gilberto faz curvaturas para o público, sorri, alisa os cabelos. ("Que lindos cabelos tem o meu filho, queria que a senhora visse, comadre, crespinhos, vai ser um rapagão bonito.")

A escuridão torna a submergir a plateia. A luz fantástica envolve pianista e piano. Algumas notas saltam, como projéteis sonoros. Navarra.

Embalada pela música (esta sim, a gente entende um pouco), D. Margarida volta ao passado.

Como foram longos e duros aqueles anos de luta! Inocêncio sempre no mau caminho. Gilberto crescendo. E ela pedalando, pedalando, cansando os olhos; a dor nas costas aumentando, Inocêncio arranjava empreguinhos de ordenado pequeno. Mas *não tinha constância, não tomava interesse. O diabo do homem era mesmo preguiçoso. O que queria era andar na calaçaria, conversando pelos cafés, contando histórias, mentindo...*

— Inocêncio, quando é que tu crias juízo?

O pior era que ela não sabia fazer cenas. Achava até graça naquele homenzinho encurvado, magro, desanimado, que tinha crescido sem jamais deixar de ser criança. No fundo o que ela tinha era pena do marido. Aceitava a sua sina. Trabalhava para sustentar a casa, pensando sempre no futuro de Gilberto. Era por isso que a Singer funcionava dia e noite. Graças a Deus nunca lhe faltava trabalho.

Um dia Inocêncio fez uma proposta:

— Escuta aqui, Margarida. Eu podia te ajudar nas costuras...

— Minha nossa! Será que tu queres fazer casas ou pregar botões?

— Olha, mulher. (Como ele estava engraçado, com sua cara de fuinha, procurando falar a sério!) Eu podia cobrar as contas e fazer a tua escrita.

Ela desatou a rir. Mas a verdade é que Inocêncio passou a ser o seu cobrador. No primeiro mês a cobrança saiu direitinho. No segundo mês o homem relaxou... No terceiro, bebeu o dinheiro da única conta que conseguira cobrar.

Mas D. Margarida esquece o passado. Tão bonita a música que Gilberto está tocando agora... E como ele se entu-

siasma! O cabelo lhe cai sobre a testa, os ombros dançam, as mãos dançam... Quem diria que aquele moço ali, pianista famoso, que recebe os aplausos de toda esta gente, doutores, oficiais, capitalistas, políticos... o diabo! — é o mesmo menino da rua da Olaria que andava descalço brincando na água da sarjeta, correndo atrás da banda de música da Brigada Militar...

De novo a luz. As palmas. Gilberto levanta os olhos para o camarote da mãe e lhe faz um sinal breve com a mão, ao passo que seu sorriso se alarga, ganhando um brilho particular. D. Margarida sente-se sufocada de felicidade. Mexe alvoroçadamente com os dedos do pé, puro contentamento. Tem ímpetos de erguer-se no camarote e gritar para o povo: "Vejam, é o meu filho! O Gilberto. O Betinho! Fui eu que lhe dei de mamar! Fui eu que trabalhei na Singer para sustentar a casa, pagar o colégio para ele! Com estas mãos, minha gente. Vejam! Vejam!"

A luz se apaga. E Gilberto passa a contar em terna surdina as mágoas de Chopin.

No fundo do camarote Inocêncio medita. O filho sorriu para a mãe. Só para a mãe. Ele viu... Mas não tem direito de se queixar... O rapaz não lhe deve nada. Como pai ele nada fez. Quando o público aplaude Gilberto, sem saber está aplaudindo também Margarida. Cinquenta por cento das palmas devem vir para ela. Cinquenta ou sessenta? Talvez sessenta. Se não fosse ela, era possível que o rapaz não desse para nada. Foi o pulso de Margarida, a energia de Margarida, a fé de Margarida que fizeram dele um grande pianista. Na sombra do camarote, Inocêncio sente que ele não pode, não deve participar daquela glória. Foi um mau marido. Um péssimo pai. Viveu na vagabundagem, enquanto a mulher se matava no trabalho. Ah! Mas como ele queria bem ao rapaz, como ele respeitava a mulher! Às vezes, quando voltava para casa, via o filho dormindo. Tinha um ar tão confiado, tão tranquilo, tão puro, que lhe vinha vontade de chorar. Jurava que nunca mais tornaria a beber, prometia a si mesmo emendar-se. Mas qual! Lá vinha um outro dia e ele começava a sentir aquela sede danada, aquela espécie de cócegas na garganta. Ficava com a impressão de que se não tomasse um traguinho era capaz de estourar. E depois havia também os maus companheiros. O Maneca. O José Pinto. O Bebe-Fogo. Convidavam, insistiam... No fim de contas ele não era nenhum santo.

Inocêncio contempla o filho. Gilberto não puxou por ele. A cara do rapaz é bonita, franca, aberta. Puxou pela Margarida. Graças a Deus. Que belas coisas lhe reservará o futuro? Daqui para diante é só subir. A porta da fama é tão difícil, mas uma vez que a gente consegue abri-la... adeus! Amanhã decerto o rapaz vai aos Estados Unidos... É capaz até de ficar por lá... esquecer os pais. Não. Gilberto nunca esquecerá a mãe. O pai, sim... E é bem-feito. O pai nunca teve vergonha. Foi um patife. Um vadio. Um bêbedo.

Lágrimas brotam nos olhos de Inocêncio. Diabo de música triste! O Betinho devia escolher um repertório mais alegre.

No atarantamento da comoção, Inocêncio sente necessidade de dizer alguma coisa. Inclina o corpo para a frente e murmura:

— Margarida...

A mulher volta para ele uma cara séria, de testa enrugada.

— Chit!

Inocêncio recua para a sua sombra. Volta aos seus pensamentos amargos. E torna a chorar de vergonha, lembrando-se do dia em que, já mocinho Gilberto lhe disse aquilo. Ele quer esquecer aquelas palavras, quer afugentá-las, mas elas lhe soam na memória, queimando como fogo, fazendo suas faces e suas orelhas arderem.

Ele tinha chegado bêbedo em casa. Gilberto olhou-o bem nos olhos e disse sem nenhuma piedade:

— Tenho vergonha de ser filho dum bêbedo!

Aquilo lhe doeu. Foi como uma facada, dessas que não só cortam as carnes como também rasgam a alma. Desde esse dia ele nunca mais bebeu.

No saguão do teatro, terminado o concerto, Gilberto recebe cumprimentos dos admiradores. Algumas moças o contemplam deslumbradas. Um senhor gordo e alto, muito bem vestido, diz-lhe com voz profunda:

— Estou impressionado, impressionadíssimo. Sim senhor!

Gilberto enlaça a cintura da mãe:

— Reparto com minha mãe os aplausos que eu recebi esta noite... Tudo que sou, devo a ela.
— Não diga isso, Betinho!
D. Margarida cora. Há no grupo um silêncio comovido. Depois rompe de novo a conversa. Novos admiradores chegam.
Inocêncio, de longe, olha as pessoas que cercam o filho e a mulher. Um sentimento aniquilador de inferioridade o esmaga, toma-lhe conta do corpo e do espírito, dando-lhe uma vergonha tão grande como a que sentiria se estivesse nu, completamente nu ali no saguão.
Afasta-se na direção da porta, num desejo de fuga. Sai. Olha a noite, as estrelas, as luzes da praça, a grande estátua, as árvores paradas... Sente uma enorme tristeza. A tristeza desalentada de não poder voltar ao passado... Voltar para se corrigir, para passar a vida a limpo, evitando todos os erros, todas as misérias...
O porteiro do teatro, um mulato de uniforme cáqui, caminha dum lado para outro, sob a marquise.
— Linda noite! — diz Inocêncio, procurando puxar conversa. O outro olha o céu e sacode a cabeça, concordando.
— Linda mesmo.
Pausa curta.
— Não vê que sou o pai do moço do concerto...
— Pai? Do pianista?
O porteiro para, contempla Inocêncio com um ar incrédulo e diz:
— O menino tem os pulsos no lugar. É um bicharedo.

Inocêncio sorri. Sua sensação de inferioridade vai-se evaporando aos poucos.

— Pois imagine como são as coisas — *diz ele.* — Não sei se o senhor sabe que nós fomos muito pobres... Pois é. Fomos. Roemos um osso duro. A vida tem coisas engraçadas. Um dia... o Betinho tinha seis meses... umas mãozinhas assim deste tamanho... nós botamos ele na nossa cama. Minha mulher dum lado, eu do outro, ele no meio. Fazia um frio de rachar. Pois o senhor sabe o que aconteceu? Eu senti nas minhas costas as mãozinhas do menino e passei a noite impressionado, com medo de quebrar aqueles dedinhos, de esmagar aquelas carninhas. O senhor sabe, quando a gente está nesse dorme-não-dorme, fica o mesmo que tonto, não pensa direito. Eu podia me levantar e ir dormir no sofá. Mas não. Fiquei ali no duro, de olho mal e mal-aberto, preocupado com o menino. Passei a noite inteira em claro, com a metade do corpo para fora da cama. Amanheci todo dolorido, cansado, com a cabeça pesada. Veja como são as coisas... Se eu tivesse esmagado as mãos do Betinho hoje ele não estava aí tocando essas músicas difíceis... Não podia ser o artista que é.

Cala-se. Sente agora que pode reclamar para si uma partícula da glória do seu Gilberto. Satisfeito consigo mesmo e com o mundo, começa a assobiar baixinho. O porteiro contempla-o em silêncio. Arrebatado de repente por uma onda de ternura, Inocêncio tira do bolso das calças uma nota amarrotada de cinquenta mil-réis e mete-a na mão do mulato.

— *Para tomar um traguinho* — *cochicha.*
E fica, todo excitado, a olhar para as estrelas.

O texto traz a simbologia das mãos na tradução das relações familiares. A mãe, com simplicidade, orgulha-se do filho. O pai lamenta por aquilo que não fez. O filho reconhece o lar onde nasceu. Três reflexões interessantes. A mãe é simples, trabalhadora, ciosa de suas obrigações e, embora não entenda muita coisa, entende que ser presente é o mais importante na vida de uma família. Entrega-se à batalha diária para promover a boa educação de seu filho. Mão para toda obra. Satisfeita, realizada, presencia o bom futuro pretendido ao filho, ali concretizado. O pai olha para o passado e lamenta não ter sido ele o responsável pelo sucesso do filho. Falhou como pai, falhou como marido e, por isso, não conseguia se dar o direito de celebrar a noite de gala. Estava de mãos vazias. O filho não negava as suas raízes, olhava com doçura para a mãe e, independentemente da pouca erudição ou do pouco conhecimento que ela demonstrava ter sobre o seu universo, ele a amava como a mais importante de todas as mulheres de sua vida. Um breve sinal com as mãos, do rapaz de pulso certo, traduz todo o reconhecimento pela dedicação da mãe.

Lamentar pelos erros do passado é digno e nobre. Mas o passado ficou no passado e não é mais possível reviver os dramas de ontem. Há muitos pais que lamentam não terem percebido o tempo passar e não terem percebido o crescimento dos filhos: um tempo rico de convivência em que a ausência é prejudicial a todas as partes. Insisto que as ausências de trabalho são compreendidas pelos filhos, outras não. Os filhos têm de sentir que são amados. Voltar ao passado e reviver o tempo perdido não nos é permitido. O que passou, passou. Os erros graves podem até ser perdoados, mas deixam marcas tristes. Lembro-me de um pai que impediu o filho de se matricular em uma faculdade por mesquinharia, por capricho. O filho tinha se esforçado, estudado, sonhado, e o pai, sem problemas financeiros, fez com que o filho perdesse o dia da matrícula. Mentiu para o filho. Enganou o filho. Essas coisas dificilmente são esquecidas. São perdoadas, mas interferem de forma negativa na história familiar. Em um outro caso, o filho aguardava ansioso o resultado de uma entrevista. Ficaram de telefonar, caso o emprego estivesse garantido. O filho tinha feito tudo certo e passou dias ansiosos para realizar o sonho de mudar de cidade e trabalhar na organização onde havia feito a entrevista. Na verdade, a mãe já havia recebido o telefonema, sabia da aprovação, e disse que o filho não tinha mais interesse, pois trabalhava em outro lugar. Somente meses mais tarde, o filho soube da traição da mãe. Em ambos os casos, os pais podem ter imaginado que estavam fazendo o que era correto. No primeiro caso, o pai rico, mas avarento, não queria gastar o dinheiro em uma faculdade cara, e mentiu para o filho. No segundo caso, a mãe queria proteger o seu filho, impedindo-o de se mudar para a cidade grande. Erraram os dois. Sobrou egoísmo e faltou amor.

A sinceridade é a prova de que nada é mais forte do que o sentimento do amor. O pai tinha o direito de tentar convencer o filho a estudar em outro lugar, e o filho, o direito de contra-argumentar. A mãe tinha o direito de manifestar suas preocupações com a mudança de cidade, e o filho tinha o direito de tentar tranquilizá-la. O que não se compreende é a farsa, a mentira, a dissimulação. Da mesma forma, é doloroso para o filho descobrir que o pai tem uma amante, e que o discurso de homem apaixonado pela esposa seria mais uma demonstração de hipocrisia social. Ou, ainda, descobrir que o pai ou a mãe seja desonesto. Que os valores que pregam não sejam vivenciados.

A família, em que o amor é o convidado principal, enfrenta unida as adversidades. Não se imagina que exista perfeição onde há seres humanos. São imperfeitas todas as famílias, porque são imperfeitos todos os seres humanos. O que se espera é coerência, elegância no trato com o outro, verdade. Os pais têm de tomar cuidado para não serem injustos com os filhos em nenhum sentido, inclusive no financeiro. Há irmãos que se separam para sempre depois de brigas de herança. A trapaça e a mentira são sentimentos mesquinhos que abafam o amor. E, aos pais, compete a missão primeira de apresentar o amor e deixar que seus encantos apresentem o resto.

Não há regras, não há um manual do que é certo ou errado na família.

A família é o cenário onde o espetáculo da vida dá os primeiros ensaios. É no seu palco que razão e emoção começam a atuar. É em seu seio que nascem a dignidade de uma história em construção. E com amor, tudo fica mais fácil.

Um pouco mais de prosa nessa conversa sobre família. O genial conto de Guimarães Rosa é um misto de projeção e frustração, relações reais e imaginárias. E tudo em família.

A Menina de Lá*

Sua casa ficava para trás da Serra do Mim, quase no meio de um brejo de água limpa, lugar chamado o Temor-de--Deus. O Pai, pequeno sitiante, lidava com vacas e arroz; a Mãe, urucuiana, nunca tirava o terço da mão, mesmo quando matando galinhas ou passando descompostura em alguém. E ela, menininha, por nome Maria, Nhinhinha dita, nascera já muito para miúda, cabeçudota e com olhos enormes.

Não que parecesse olhar ou enxergar de propósito. Parava quieta, não queria bruxas de pano, brinquedo nenhum, sempre sentadinha onde se achasse, pouco se mexia. – "Ninguém entende muita coisa que ela fala..." – dizia o Pai, com certo espanto. Menos pela estranhez das palavras, pois só em raro ela perguntava, por exemplo: – "Ele xurugou?" – e, vai ver, quem e o quê, jamais se saberia. Mas, pelo esquisito do juízo

---
* ROSA, Guimarães. *Primeiras estórias*. Rio de Janeiro: Nova Fronteira, 2005.

ou enfeitado do sentido. Com riso imprevisto: — *"Tatu não vê a lua..."* — *ela falasse. Ou referia estórias, absurdas, vagas, tudo muito curto: da abelha que se voou para uma nuvem; de uma porção de meninas e meninos sentados a uma mesa de doces, comprida, comprida, por tempo que nem se acabava; ou da precisão de se fazer lista das coisas todas que no dia por dia a gente vem perdendo. Só a pura vida.*

Em geral, porém, Nhinhinha, com seus nem quatro anos, não incomodava ninguém, e não se fazia notada, a não ser pela perfeita calma, imobilidade e silêncios. Nem parecia gostar ou desgostar especialmente de coisa ou pessoa nenhuma. Botavam para ela a comida, ela continuava sentada, o prato de folha no colo, comia logo a carne ou o ovo, os torresmos, o do que fosse mais gostoso e atraente, e ia consumindo depois o resto, feijão, angu, ou arroz, abóbora, com artística lentidão. De vê-la tão perpétua e imperturbada, a gente se assustava de repente. — *"Nhinhinha, que é que você está fazendo?"* — *perguntava-se. E ela respondia, alongada, sorrida, moduladamente:* — *"Eu... to-u... fa-a-zendo". Fazia vácuos. Seria mesmo seu tanto tolinha?*

Nada a intimidava. Ouvia o Pai querendo que a Mãe coasse um café forte, e comentava, se sorrindo: — *"Menino pidão... Menino pidão..." Costumava também dirigir-se à Mãe desse jeito:* — *"Menina grande... Menina grande..." Com isso Pai e Mãe davam de zangar-se. Em vão. Nhinhinha mur-*

murava só: — "Deixa... Deixa..." — suasibilíssima, inábil como uma flor. O mesmo dizia quando vinham chamá-la para qualquer novidade, dessas de entusiasmar adultos e crianças. Não se importava com os acontecimentos. Tranquila, mas viçosa em saúde. Ninguém tinha real poder sobre ela, não se sabiam suas preferências. Como puni-la? E, bater-lhe, não ousassem; nem havia motivo. Mas, o respeito que tinha por Mãe e Pai, parecia mais uma engraças espécie de tolerância. E Nhinhinha gostava de mim.

Conversávamos, agora. Ela apreciava o casacão da noite. — "Cheiinhas!" — olhava as estrelas, deléveis, sobre-humanas. Chamava-as de "estrelinhas pia-pia". Repetia: — "Tudo nascendo!" — essa sua exclamação dileta, em muitas ocasiões, com o deferir de um sorriso. E o ar. Dizia que o ar estava com cheiro de lembrança. — "A gente não vê quando o vento se acaba..." Estava no quintal, vestidinha de amarelo. O que falava, às vezes era comum, a gente é que ouvia exagerado: — "Alturas de urubuir..." Não, dissera só: — "... altura de urubu não ir." O dedinho chegava quase no céu. Lembrou-se de: — "Jabuticaba de vem-mever..." Suspirava, depois: — "Eu quero ir para lá." — Aonde? — "Não sei." Aí, observou: — "O passarinho desapareceu de cantar..." De fato, o passarinho tinha estado cantando, e, no escorregar do tempo, eu pensava que não estivesse ouvindo; agora, ele se interrompera. Eu disse: — "A Avezinha." De por diante, Nhinhinha passou a chamar o sabiá de "Senhora Vizinha..." E tinha res-

postas mais longas: — "Eeu? Tou fazendo saudade." Outra hora falava-se de parentes já mortos, ela riu: — "Vou visitar eles..." Ralhei, dei conselhos, disse que ela estava com a lua. Olhou-me, zombaz, seus olhos muito perspectivos: — "Ele te xurugou?" Nunca mais vi Nhinhinha.

Sei, porém, que foi por aí que ela começou a fazer milagres.

Nem Mãe nem Pai acharam logo a maravilha, repentina. Mas Tiantônia. Parece que foi de manhã. Nhinhinha, só, sentada, olhando o nada diante das pessoas: — "Eu queria o sapo vir aqui." Se bem a ouviram, pensaram fosse um patranhar, o de seus disparates, de sempre. Tiantônia, por vezo, acenou-lhe com o dedo. Mas, aí, reto, aos pulinhos, o ser entrava na sala, para aos pés de Nhinhinha — e não o sapo de papo, mas uma bela rã brejeira, vinda do verduroso, a rã verdíssima. Visita dessas jamais acontecera. E ela riu: — "Está trabalhando um feitiço..." Os outros se pasmaram; silenciaram demais.

Dias depois, com o mesmo sossego: — "Eu queria uma pamonhinha de goiabada" — sussurrou; e, nem bem meia hora, chegou uma dona, de longe, que trazia os pãezinhos da goiabada enrolada na palha. Aquilo, quem entendia? Nem os outros prodígios, que vieram se seguindo. O que ela queria, que falava, súbito acontecia. Só que queria muito pouco, e sempre as coisas levianas e descuidosas, o que não põe nem quita.

Assim, quando a Mãe adoeceu de dores, que eram de nenhum remédio, não houve fazer com que Nhinhinha lhe falasse a cura. Sorria apenas, segredando seu —"Deixa... Deixa..." — não a podiam despersuadir. Mas veio vagarosa, abraçou a Mãe e a beijou, quentinha. A Mãe, que a olhava com estarrecida fé, sarou-se então, num minuto. Souberam que ela tinha também outros modos.

Decidiram de guardar segredo. Não viessem ali os curiosos, gente maldosa e interesseira, com escândalos. Ou os padres, o bispo, quisessem tomar conta da menina, levá-la para sério convento. Ninguém, nem os parentes de mais perto, devia saber. Também, o Pai, Tiantônia e a Mãe, nem queria versar conversas, sentiam um medo extraordinário da coisa. Achavam ilusão.

O que ao Pai, aos poucos, pegava a aborrecer, era que de tudo não se tirasse o sensato proveito. Veio a seca, maior, até o brejo ameaçava se estorricar. Experimentaram pedir a Nhinhinha: que quisesse a chuva. — "Mas, não pode, ué..." — ela sacudiu a cabecinha. Instaram-na: que, se não, se acabava tudo, o leite, o arroz, a carne, os doces, frutas, o melado. — "Deixa... Deixa..." — se sorria, repousada, chegou a fechar os olhos, ao insistirem, no súbito adormecer das andorinhas.

Daí a duas manhãs quis: queria o arco-íris. Choveu. E logo aparecia o arco-da-velha, sobressaído em verde e o vermelho — que era mais um vivo cor-de-rosa. Nhinhinha se alegrou, fora do sério, à tarde do dia, com a refrescação. Fez o que nunca lhe vira, pular e correr por casa e quintal.

– *"Adivinhou passarinho verde?" – Pai e Mãe se perguntavam. Esses, os passarinhos, cantavam, deputados de um reino. Mas houve que, a certo momento, Tiantônia repreendesse a menina, muito brava, muito forte, sem usos, até a Mãe e o Pai não entenderam aquilo, não gostaram. E Nhinhinha, branda, tornou a ficar sentadinha, inalterada que nem se sonhasse, ainda mais imóvel, com seu passarinho-verde pensamento. Pai e Mãe cochichavam, contentes: que, quando ela crescesse e tomasse juízo, ia poder ajudar muito a eles, conforme à Providência decreto prazia que fosse.*

E, vai, Nhinhinha adoeceu e morreu. Diz-se que da má água desses ares. Todos os vivos atos se passam longe demais.

Desabado aquele feito, houve muitas diversas dores, de todos, dos de casa: um de repente enorme. A Mãe, o Pai e Tiantônia davam conta de que era a mesma coisa que se cada um deles tivesse morrido por metade. E mais para repassar o coração, de se ver quando a Mãe desfiava o terço, mas em vez das ave-marias podendo só gemer aquilo de – "Menina grande... Menina grande..." – com toda ferocidade. E o Pai alisava com as mãos o tamboretinho em que Nhinhinha se sentava tanto, e em que ele mesmo se sentar não podia, que com o peso de seu corpo de homem o tamboretinho se quebrava.

Agora, precisavam de mandar um recado, ao arraial, para fazerem o caixão e aprontarem o enterro, com acompanhantes de virgens e anjos. Aí, Tiantônia tomou coragem, carecia de contar: que, naquele dia, do arco-íris da chuva, do passarinho, Nhinhinha tinha falado despropositado de satino, por isso com ela ralhara. O que fora: que queria um caixãozinho cor-de-rosa, com enfeites de verdes brilhantes... A agouraria! Agora, era para se encomendar o caixãozinho assim, sua vontade?

O Pai, em bruscas lágrimas, esbravejou: que não! Ah, que, se consentisse nisso, era como tomar culpa, estar ajudando ainda Nhinhinha a morrer...

A Mãe queria, ela começou a discutir com o Pai. Mas, no mais choro, se serenou — o sorriso tão bom, tão grande — suspensão num pensamento: que não era preciso encomendar, nem explicar, pois havia de sair bem assim, do jeito, cor-de-rosa com verdes funebrilhos, porque era, tinha de ser! — pelo milagre, o de sua filhinha em glória, Santa Nhinhinha.

Títulos da coleção

Coleção Cultivar

GABRIEL CHALITA

A escola dos nossos sonhos

A escola: espaço de acolhimento

Coleção Cultivar

GABRIEL CHALITA

Semeadores da esperança
Uma reflexão sobre a importância do professor

Coleção Cultivar

GABRIEL CHALITA

Famílias que educam

Coleção Cultivar

GABRIEL CHALITA

Aprendendo com os aprendizes

A construção de vínculos entre professores e alunos

Anotações

Anotações

Impressão e Acabamento
Prol